采撷人间真善美

——正面宣传报道的行与思

沈晓燕　著

河北大学出版社
·保定·

出 版 人：刘相美
选题策划：杨显硕
责任编辑：张梦雪
装帧设计：张彦琪
责任校对：王亚微
责任印制：常　凯

图书在版编目（CIP）数据

采撷人间真善美：正面宣传报道的行与思 / 沈晓燕著. -- 保定：河北大学出版社，2024. 6. -- ISBN 978-7-5666-2394-2

Ⅰ. G219.2

中国国家版本馆 CIP 数据核字第 2024JQ1448 号

出版发行：河北大学出版社
地址：河北省保定市七一东路 2666 号　邮编：071000
电话：0312-5073019　0312-5073029
邮箱：hbdxcbs818@163.com　网址：www.hbdxcbs.com
经　　销：全国新华书店
印　　刷：涿州市般润文化传播有限公司
幅面尺寸：148 mm × 210 mm
印　　张：8.25
字　　数：235 千字
版　　次：2024 年 6 月第 1 版
印　　次：2024 年 6 月第 1 次印刷
书　　号：ISBN 978-7-5666-2394-2
定　　价：45.00 元

如发现印装质量问题，影响阅读，请与本社联系。
电话：0312-5073023

新闻至境真善美（代序）

2023年的记者节，是我萌生出书想法的日子。

这天，恰逢“立冬”。早上五点多，我在微信朋友圈里刷到了衡水中学为全国妇女代表信金焕老师拍摄的一条视频——《如果我死了，把生命留在哪里?》

视频中，信金焕老师讲了她课堂上的一件小事。课堂上，学生们在背诵冯骥才的名言“植物死了，将生命留在种子里；作家死了，将生命留在作品里”时，信老师问道：“如果我死了，把生命留在哪里?”学生们争相回答，“如果老师死了，把生命留在学生心里。”“如果老师死了，把生命留在教育事业里。”……得到满意的回答，信老师紧跟着问：“如果你们死了，把生命留在哪里?”学生们沉默了……

看到这里，我不禁问自己：“如果我死了，把生命留在哪里?”非常有幸，在我的高中时代，也有信老师陪伴的一段时光。所以，信老师对她学生的发问，也在我的脑海里挥之不去。

自2003年大学毕业，我一直在衡水日报社从事采编工作。时至今日，20年的新闻生涯，对于40多岁的我来说，近乎是生命长度的一半。但这后面的20年在宽度和高度上，却远胜从前。

参加工作的第一年，适逢时任中国民间文艺家协会主席冯骥才到武强周窝旧城村参加年画古版发掘行动。那天，天降暴雨，道路泥泞。车子在距村子约一公里的地方滑进了沟里，大家只好徒步前行。其他人还好，换上了主办方准备的雨鞋，冯主席却因46码的大脚，找不到合适的雨鞋只能在鞋外套上塑料袋。虽勉强能走，却摔了两跤，弄得一身泥。而他却对这些毫不在意，一路上担心的都是，大雨会不会对即将重见天日的年画古版造成影响……

从那之后，冯骥才满身泥泞却眼神纯粹、专注鉴定年画古版的高大身影，就犹如我工作路上的灯塔，指引着我穿越泥泞，一路向前。

作为地方党报的新闻工作者，始终牢记国之大者，以阳光笔触记录时代变迁，以生动文字展示人性光辉，是我入行20年来的一贯宗旨。回想工作以来的点点滴滴，却意外发现，那些曾经遇到过的无奈眼神、麻木表情、唬人手腕已逐渐模糊，越来越清晰的都是那些开怀的笑、坚毅的眼和温暖的拥抱……

我参加工作的这20年，是衡水发展日新月异的20年，整座城市都在拔节生长。刚刚毕业的我，如同鱼儿来到了海洋，每天沉浸在这些变化中，用脚步丈量，用眼睛发现，用心灵体味，用文字记录……《乡音声声传党音　一台大戏唱春来》《55年村账数“说”小康路——来自桃城区邓庄镇北苏闸村的报道》《风雨兼程　共创辉煌——共和国成立56周年之际回首衡水发展变化》《我们的事业和春天同行》《绿水无弦——再读六秩墨香中的衡水水事》等一大批记录衡水变迁、见证城市发展的稿件写就于此时。其中，有些作为资料已被相关部门收录，揭示了新闻记录历史的深刻内涵。

作为地方党报的新闻工作者，除了采写一般性新闻事件外，推出行业经验性报道更是对脑力和笔力的巨大考验。衡水虽然是河北省最年轻的地级市，可在农业、水利、教育等多个方面都创造过许多可复制、可推广的经验做法。为了将这些好的经验做法充分提炼，让其好学好用，我多次深入采访相关行业、人员，在经过无数次头脑风暴后，写就了数十篇此类报道。其中，不乏河北新闻奖一等奖作品。《开全国农业水价改革之先河——“衡水说水”系列报道之一》《小农户对接大市场的衡水样板》《一个好班子托起一所好学校——衡水中学探源》《衡水加快构建多层次养老服务体系——从“有”到“优”，让“养老”变“享老”》都获得了业内好评。这类作品的刊发，不仅仅是对当时成绩的总结，更是对工作经验的提炼，在推动行业发展，促进社会进步，提升人民群众体验感、幸福感方面都取得了有益效果。

在经历无数次采访后，我渐渐发现，无论是什么样的新闻事件，只有人才是其中的精神内核。只有用平和、平等的眼光去关注和欣赏，才有可能发现芸芸众生身上各美其美的不同。基于这样的认知，在采访和写作中，我注重以阳光视角去观察，以阳光笔触去描绘。因为，只有这样才能使主流正面信息传播更到位、更吸引人。在采访阜城县阜城镇养老院副院长兼保洁员马福兰时，我总觉得她脸上有一道追光。虽然她已被病魔折磨得十分憔悴，可她脸上的柔和、眼中的安定，却让人笃定她的美好与善良。因此，在创作中我特意强化了这种写法，写日常小事，却朴实动人……《“众福”寄幸福》和《吉林“老兵”衡水“寻亲”系列报道》中的每一个人都是我们身边的普通人，可他们都在用不同的方式向世人传递质朴的人间大爱。他们人性中这份美好更应该被社会关注。因此，报道人性之美、礼赞人格之善更是媒体不可推卸的责任。

近些年来，社交媒体的兴起，“两微一端”的普及，让新闻传播环境发生巨变。尤其是自媒体的迅猛崛起，让不少人都成为记录者、传播者、评论者。为了博眼球、抢关注、赚流量，一些自媒体平台故意曲解新闻事实，成为“标题党”来蹭热度；更有甚者，不惜编造、炮制假新闻来获得更高的曝光度。

面对这样的现实，更需要我们新闻工作者坚守初心，坚守阵地，用脚力、眼力、笔力、脑力，记录美好、鞭挞丑恶，守望公平、捍卫正义，用一篇篇满载人文情怀、带有情感温度、标注着时代的坐标的优秀新闻作品，来打动人、感染人、鼓舞人。

因此，我心中把这些思考和稿子集结成册的想法更为迫切，并希望能以此书回望自己走过的路，审视自己的初心，以待整装再出发。

前几天，与同事聊天时，提到“人生至境”这个词，我心中猛然一跳。新闻至境是什么？去伪存真、惩恶扬善、弘扬人间真善美，才是答案！

2024 年年初

目　录

第一章

笔端思索

新媒介环境下党报记者素质刍议

今春，在《陕西日报》创刊70周年之际，陕西日报社曾邀请中央和各省级党报负责人、全国著名大学传媒学者与业界代表汇集西安，参加由他们发起并承办的“新媒介环境下党报传播力高峰论坛”。论坛宣言中说道：在新媒介环境下党报的生存和发展正面临巨大挑战。面对受众需求的多样化和新媒介层出不穷的竞争态势，直面挑战，奋发有为，守土有责，不断增强党报影响力、公信力及舆论引导力，坚守和强化“主流媒体”地位，是党报在新的时代背景下的历史使命。

在新媒体蓬勃发展，“炒作”“恶搞”态势更胜于新闻传播的时代，该如何更好地继承党报传统，有效地应对新媒体挑战，发挥党报作为主流媒体的舆论引导作用？作为写作的主体，党报记者的素质决定了党报的发展潜力和革新能力，从笔者近年的工作实际来看，为了更有效地坚守党报的价值立场、构建和提升党报的传播力、肩负“信息把门人”的时代职责，一个好的党报记者应当具备以下素质。

在新闻观上要做甘于寂寞的坚守者

联系党和群众，是我们行业先天的使命，所以党性、群众性必须是第一原则。在实际工作中，由于现代社会报道面广泛，各种庞杂的社会新闻充斥了空间，谈及新闻，会过于注重技术层面的东西，而很少有“把党和群众联系起来”这厚重而深刻的声音在脑海响起。因此，作为党报记者，必须讲政治，必须具有良好的政治素质、很强的政治鉴别力和政治敏锐性，必须树立高度的政治责任感。要自觉地在思想上、政治上与党中央保持一致，在任何复杂多变的形势面前，都要保持清醒的头脑。

目前，在市场化的冲击下，有的党报记者忘记了自己的责任和使命，为了个人利益，搞有偿新闻，只要拿了钱就给你写稿；有的搞“有偿不闻”，得了钱物后，该曝光的不曝光，该揭露的不揭露。这些问题的存在，说明我们有的记者不能坚守原则，无法甘于寂寞。然而，许多老一辈新闻工作者早已为我们树立了严于律己、忠于职守的光辉形象。“做精神富有的人”是穆青同志对新闻记者提出的要求。在穆青的晚年，他并没有为自己写传记，而是把他多年新闻工作中所撰写的典型人物报道汇成了《十个共产党员》一书，认为这是自己一生最好的总结。老一辈新闻工作者的实践经历和我党各阶段的学习教育活动不断激励我们，要求我们要时刻牢记自己的责任，以自己高尚的道德操守、良好的职业形象，为党的新闻事业增光添彩。

再者，从方法论角度而言，新闻学是选择的科学。在诸多事实中，为什么报道这个事实？一个事实有多个侧面，为什么报道这个侧面而不报道另外侧面？一个事实蕴含诸多含义，为什么选择这个含义？这背后都有新闻媒体、新闻从业者个人及其背后所代表的力量的意图和价值标准。正因为真正影响人们思想、认识、行为的是新闻媒介对事实的选择，是在选择过程中赋加于新闻事实背后的观点与思想，所以党报记者的思维取向、价值标准就在一定程度上成为影响党报倾向与舆论导向的至关重要的东西。因此，党报记者更应该自觉地运用马克思主义新闻观指导当前新闻实践，坚持“政治家办报”，贴近实际、贴近生活、贴近群众，履行职责、不辱使命。

在新闻报道上要做充盈阳光的传播者

旗帜鲜明地做促进社会和谐的阳光使者，是党报记者的天职和使命。作为主流媒体的党报记者，在宣传报道中，应该时刻胸怀大局，牢记责任。在具体新闻事件的处理上，要多选阳光角度；在日常报道中，也要注重阳光发现。播撒阳光，传承文明，弘扬正气，歌颂真善美，党报记者责无旁贷。

要树立“阳光心态”。记者要热爱生活，要有健康向上、理性宽容的人生态度，具备这样的心态，在遇到矛盾问题时，才能保持冷静头脑和理性认识，在新闻宣传中才能做到客观、公正。要有“阳光视角”。记者要关注生活中美好的事物，要善于捕捉和挖掘能展示城市精神、弘扬优秀传统文化、触动人的美好情感、激励人奋发向上的新闻事件和典型人物；记者的眼光要有“高度”和“深度”。要经常站在执政党和管理者的角度研究、思考问题，继而主动设置议题，采访、组织有分量的稿件，使主流正面信息传播更到位、更吸引人。要有“阳光笔触”。要重视正面新闻传播的有效性和影响力。记者要善于用阳光而优美的笔触，用真情去描绘、阐释、书写生活的美和人性的美。在批评报道中也要把握好大方向，应以促进和推动政府各项决策精神贯彻落实，改进工作作风，提高工作水平为出发点和落脚点。

在新闻写作上要做勇于革新的开拓者

党报是党同人民群众密切联系的桥梁和纽带。人民群众通过党报认识党的宗旨和性质、了解党的路线和方针。党则通过自己的报纸倾听群众心声、感受群众疾苦、集中群众智慧、接受群众监督。如果党报上的文章内容空洞贫乏，语言枯燥无味，读者就会寥寥无几，这种桥梁和纽带作用就无从谈起。因此，党报记者作为新闻的写作主体，就要抛弃那些不能适应现代群众需求的写作模式。

首先，做一名党报记者，必然要写会议和领导人活动的时政新闻。党报记者要提高提炼归纳能力，从会议材料、领导讲话中捕捉有价值的新闻。要多刊发那些短小精悍但思想深刻、语言简洁但意思完备的文章。

其次，党报是党的重要思想理论阵地。不断总结实践经验、扩展理论视野、作出新的理论概括，丰富和发展党的理论创新成果，为新的实践提供理论指导，是党报的重要职责。如果一张报纸只想哗众取宠，而提不出一些新思想、新论断、新范畴、新原理，那它就不会产生很好的影响。所以，党报记者在写作中要强调一个“实”字。坚持围绕改革和建设实践中出现的新情况、新问题，抓住具有新闻价值的事件进行报道，为党和政府的决策提供科学而有价值的参考。

再次，在这个信息开放、资源共享的时代，已经很难有独家新闻了。尤其对于党报记者而言，新闻事件一般都有必报的固有内容，很难出彩。因此，党报记者更应该着力提升自己报道的水准，能捕捉到细节、另辟蹊径，才能做到以小见大，写出更具特点、更鲜活的报道。要创造性地丰富和发展前人的语言，尽量使用人民群众喜闻乐见的方法进行报道，使新闻的语言富有个性、特色鲜明、朴实生动。

（原载2010年第9期《中国地市报人》）

践行“四力”
做党和人民信赖的新闻工作者

作为党报新闻工作者，笔者认为要以践行“四力”为基本要求，走好新时代群众路线，在人民中间寻找新闻工作者的价值。

增强“脚力”，用脚步丈量热土

人民是创作的“活力源泉”，要搞好新闻创作，最可靠、最根本的方法就是扎根人民、深入基层，以“泥土”为墨，以“露珠”为汁，才能写出接“地气”、聚“人气”的新闻稿件。“知之愈明，则行之愈笃；行之愈笃，则知之愈益明”，新闻工作者只有走进现场一线，深入调查研究，摸清形势，精准掌握，才能写出“干货”，切实增强媒体“公信力”，打牢新闻舆论的“四力”基础。

要紧紧围绕人民群众关心、关切的焦点、痛点、难点问题，沉下身子到基层、到问题最集中的地方，倾听群众呼声、体察群众情绪、反映群众愿望、维护群众利益，在思想上尊重群众、感情上贴近群众、作风上深入群众。改革开放 40 周年之际，为展现衡水市在治水、管水、用水中探索出的特色之路，衡水日报社精心策划“衡水说水”系列报道。在近 8 个月的时间里，主创人员走遍了衡水各县市区的 20 多个乡镇、60 多个村庄，涉及水利、农业农村、气象等多个部门，全方位、多角度、深层次地了解、记录、分析衡水的水，写作初稿与素材近 100 万字。系列报道推出后，引发了强烈的社会反响，新华社、中国水网、《河北日报》、河北新闻网等媒体纷纷报道或转载，仅在衡水新闻网发布后总点击量就超过百万次，并于当年荣获了河北新闻奖一等奖。这些昭示着，只有走进田间地头、走进老百姓的心坎里，切身体会民心所向、民意所在，掌握翔实可靠的第一手素材，才能让新闻作品更加贴近基层实际、更加符合社会需求、更加体现群众意愿。

增强“眼力”，将笔触对准群众

作为党报新闻工作者，践行新时代群众路线更要增强“眼力”。最美的风景就在身边，最好的题材就是家乡。要善于用群众的“眼睛”，发现人民群众生产生活的巨大变化。要站在群众的立场上看待问题，把镜头和笔触对准群众，展现人民群众的创造力。同时，要善于宣传基层群众实践探索出的好经验好做法、有识之士的真知灼见。

2017 年，我国脱贫攻坚工作以前所未有的力度持续向纵深推进。当年年底，在编辑《让贫困户既“鼓”钱袋又“富”脑袋》一稿时，笔者意识到这是一篇推进脱贫攻坚工作的优秀作品，就对文章字斟句酌、认真推敲，使其主题更集中，语句更流畅优美。这篇报道针对贫困人口和贫困地区的脱贫问题，记述了武邑县探索实施“1＋X＋1”产业扶贫模式，既扶了贫又扶了“志”和“智”，让贫困户增收致富，交出令人满意的扶贫答卷的事迹。该作品在《衡水日报》刊发后，《农民日报》《经济日报》等媒体先后转发，并荣获了 2017 年度河北新闻奖一等奖。

“举旗帜、聚民心、育新人、兴文化、展形象。”习近平总书记在全国宣传思想工作会议上的重要讲话，深刻阐述了新形势下党的宣传思想工作必须自觉承担起的使命任务，也是新形势下对党的宣传思想工作的重大部署。在报道中，记者用笔和镜头触摸城市乡村振兴脉搏，充分展示衡水城乡巨变。这些新闻报道在给读者讲故事的同时，还引导大家去体味、去发现其中科学可用的经验做法。

增强“脑力”，胸怀国之大者

“胸怀国之大者”，为党履职、为国尽责、为民用心，努力“做党和人民信赖的新闻工作者”是党报新闻工作者的行为准则。作为党报新闻工作者，践行新时代群众路线必须增强“脑力”。思想决定行动，是行动的先导和动力。新闻工作者增强“脑力”，就是要提升思考能力，把思想统一到实事求是的客观规律上来，落实到新闻传播的正确政治立场上来。作为党的新闻工作者，必须在工作实践中多思考，把握新闻报道“时、度、效”，从新闻价值取向和社会价值彰显入手，思考新闻报道刊发后可能引发的影响，并能够透过现象了解事物的本质，把促进社会进步、为人民服务的思想融入每一篇新闻报道中。

2018 年，在采写通讯报道《小农户对接大市场的衡水样板》一稿时，笔者几易其稿，精雕细琢将其修改完善。这篇报道生动叙述了衡水农牧局以农机专业合作社为载体，探索“破埝”“组团”“提质”“延链”方法，推动适度规模经营，破解小农户对接大市场难题，在全省起到了示范引领作用的故事和过程，深刻揭示了通过建立农机专业合作社，实现小农户和大市场的良好对接，发展粮食规模化生产经营的重要性。作品刊登后，《河北日报》《农民日报》、新华网、中国经济网、中国农情信息网、中国农机网、三农致富经等 30 余家各类媒体派人采访或转发，引起了社会各界的广泛好评。

增强“笔力”，写有温度的新闻作品

笔力，实质上体现的是新闻宣传人的理想情怀和综合素养。要准确把握人民群众的所思所想，把新闻宣传工作做到群众的心坎上。要善于运用群众喜闻乐见的语言，说家常话，讲贴心话，真正做到入脑入心。只有生动活泼、新鲜有力的文风，才能让人民群众看得进、记得住、传得开，从而起到春风化雨、润物无声的新闻宣传效果。

2022 年是党的二十大召开之年，一支成立了 24 年的业余文艺队伍——春来剧社，进入了我们的视野。她的成员平均年龄超过 60 岁，长期活跃在基层，宣传党的政策、弘扬正能量，深受群众欢迎。在经过深入细致的采访后，主创团队围绕一场演出“筹备—打磨—呈现”的曲折过程这条明线和春来剧社 24 年来逐渐成长为深受党委政府信任、广大群众欢迎的“红色文艺轻骑兵”这条暗线，采用顺叙与插叙相结合的写作手法，以场景描写与背景概述衔接的方式，巧妙切换视角，让作品既跌宕起伏又充满时代厚重感。文章语言鲜活、细节生动，富有乡土气息，细节刻画匠心独具，人物形象立体饱满，极具可读性，是一篇具有较强传播力、引导力、影响力的新闻作品。当年，《乡音声声传党音　一台大戏唱春来》一稿获得河北新闻奖一等奖。

新闻工作者只有努力践行“四力”要求，才能采写出更多有思想、有温度、有品质的精品佳作，更好地讲述新时代高质量发展故事、传播出高质量发展好声音。

党报典型宣传要做到“四统一”

在党报的新闻宣传中，典型宣传作为一种重要的新闻宣传方式，在引导群众、教育群众、鼓舞群众、激励群众方面起着极为重要的作用。充分发挥典型宣传在“唱响主旋律”中的领唱作用，切实增强典型宣传的生命力和影响力，已经成为各级新闻媒体和广大新闻工作者的共识。《衡水日报》近年来对典型宣传做了诸多有益的探索，分析其中一些带有规律性的东西，笔者认为，要搞好典型宣传，就应力求做到“四统一”。

在典型的选择上，力求做到先进性与群众性的统一

典型是在人民群众生动的社会实践中产生和发现的，说白了就是一个或一群“超越了自我的凡人”。这就决定了典型人物的群众性。同时，典型又不同于一般群众。他们是各行各业中站在时代前沿的人，为人们树立着思想道德规范和行为准则。这又决定了典型的先进性。因此，选择典型要兼顾先进性和群众性的统一。先进性体现典型的价值。选择典型时，如果缺乏先进性，就没有时代高度，就丧失了宣传、树立的价值和意义。群众性揭示典型的基础。有血有肉，实实在在，才能让典型具有生根、发芽、开花、结果的“土壤”。

王晓勋是河北省安平县南王庄村党支部书记，是生活在群众身边的普通人，但是他又做出了不普通的事情：作为社会主义新农村建设的带头人，王晓勋为了改变家乡落后面貌，毅然放弃从县武装部长任上退休后的舒适生活，回到家乡担任村党支部书记，使南王庄村这个被毛主席赞誉过的老典型重新焕发了活力，成了远近闻名的“小康村”“文明生态村”。这个典型体现了先进性与群众性的统一，从而能够引起人民群众思想感情上的共鸣，得到群众的认可和接受，成为“可学、能学的榜样”，大大提高了典型的示范和引领作用。

在思想的挖掘上，力求做到时代性与传统性的统一

典型人物的生命力来自对时代的映射、影响与引领。这就要求典型宣传必须有时代高度，符合时代的需求，体现时代的特征，挖掘出具有时代意义的思想内涵，使其鲜活、生动地映射社会的进步与发展。比如，王晓勋退役不退志，带领群众积极投身社会主义新农村建设，不但为军队退休干部树立了榜样，也对广大党员干部特别是各级领导干部为新农村建设建功立业起到了极大的激励作用。他身上有鲜明的时代特征。同时还应看到，典型产生的过程，又有着深厚的道德根源和价值基础，集中体现了中华民族五千年来形成的传统美德与价值取向。在王晓勋身上，集中表现出来的不畏艰苦、群众不富心不安的境界，是对他父亲——被毛主席誉为“五亿农民的方向”的南王庄农民合作社创办者之一的王玉坤——的精神传承和发展，体现出了建设社会主义新农村过程中一个党员干部追求。可见，揭示典型的传统精神内涵，又使其深刻、厚重，能彰显中华民族的历史传承。

在素材的把握上，力求做到个性和共性的统一

个性是“与众不同”，是典型的生命。只有充满个性的典型才能在读者心中留下深刻印象。因此，典型人物的宣传要立足

“个性”，运用最能反映典型个性特征的事例，精选角度，深入挖掘，提炼“个性美”，杜绝脸谱化、概念化、一般化。试想，带领群众致富的农村基层干部不胜枚举，为什么王晓勋的事迹更能感动人？不正是由于他继承、光大了以父辈们为代表的南王庄精神，积极投身社会主义新农村建设中的这个“与众不同”吗？当然，正如前文所说，典型人物是“超越了自我的凡人”，是生存在广大人民群众之间的。他们身上也包含着作为社会普通一员的共性特征，也与普通人一样有自己的喜怒哀乐，甚至也有缺点，也会犯错误。文章在描写王晓勋回村创业时，也出现了因为堂兄带头反对，进而与之产生激烈冲突，心情悲愤的他到父亲坟前含泪倾诉，甚至想到了放弃的细节。这些无异于普通人的举动，非但没有损害典型的形象，还提高了典型的可信度和宣传受众的认同感。

在作品的采编上，力求做到真实性和艺术性的统一

真实是新闻的生命，这一点决定典型的真实性不容践踏。典型的感染力有赖于典型的可信度，典型的可信度有赖于采编者的投入程度。新闻工作者下功夫进行细致采访，真正身入、心入，才能触及典型灵魂深处，才能做到用典型的眼光去审视、用典型的头脑去思考、用典型的情感去感受，才能时刻睁大慧眼，去伪存真，最终达到客观真实反映先进典型思想、精神的目的。缺乏真实性的典型宣传，更禁不起历史的考验，对党的新闻宣传事业是一种极大的损害。这就要求，新闻单位要深入采访，抓住一切可用的素材，精心写稿，认真编稿。在报道王晓勋时，衡水日报社抽调精兵强将组成了报道小组，深入王晓勋所在的安平县南王庄村家中、村委会、周围村民家中和县乡政府、县乡武装部，对县乡主要领导、武装部主管人员、村委会班子成员、附近村民和王晓勋本人、家人进行认真采访，掌握了大量的真实具体的材料。同时，在真实性基础上，也注意合理运用采访素材，用形象的方式、生动的语言、娴熟的技巧来艺术地宣传典型。于是，当典型的事迹见报时，出现了王晓勋“稀疏的头发随意趴在头顶，衬衫袖口高高卷起，脚蹬一双‘千层底’布鞋；一开口，快人快语，满口家乡话”的生动描写。可以说，这种“艺术”的再现绝不是虚构得出来的，而是基于真实基础之上的，是新闻工作者身入、心入的结果。正因为避免了枯燥的描述和刻板的复制，达到了艺术上的真实再现，才使得典型的形象有血、有肉、更加丰满，从而增强了新闻作品的美感，引发了广大受众的兴趣，达到了更好的宣传效果。

优秀新闻作品从哪里来

在多元化的新媒体时代，新的传播环境和传播方式让媒体格局不断发生变化。新的呈现形式、新的技术手段让受众接受信息的渠道更加多元，但也同样分散了受众的注意力。

经过一段时间的沉淀，我们不难发现，虽然大众获取信息和阅读习惯已经发生了变化，但是对于高质量的内容的追求并没有改变。相反，他们的要求更高，更希望把有限的时间花费到对自己有用的信息当中去。因此，“内容为王”仍是新媒体时代舆论场上的“硬道理”，好的内容永远是媒体的立身之本。

最近几年，衡水日报社聚焦主责主业，深入开展调查研究，讲好衡水经济社会高质量发展故事，刊发了一大批有深度、有影响的文章。《衡水日报》刊发的《让贫困户既“鼓”钱袋又“富”脑袋——武邑县“1+X+1”产业扶贫探微》、“衡水说水”系列报道、《党建引领乡村善治的生动实践——桃城区赵家圈镇以“三治融合”破解基层治理难题》《55年村账数“说”小康路——来自桃城区邓庄镇北苏闸村的报道》《乡音声声传党音　一台大戏唱春来》五篇报道均获得了河北新闻奖一等奖。下面，就让我们从这五篇作品中，看媒体如何抓住优质核心内容，以满足读者更加多元的阅读需求，让我们一起探寻优秀的新闻作品到底从哪里来。

从中央精神中找选题

主题重大，几乎是每一篇获奖作品的第一句评语。因此，从中央精神中找选题成了媒体人策划重大报道的第一步。这就要求我们在选题前吃透中央精神，也就是我们平常说的要具备“大局观”，要学会“站在天安门上想问题”，提高了政治敏锐性，带着大局观观察问题，才能辨别出哪些是有风向标意义的改革经验，哪些是广大群众关注的问题。

2017 年，我国脱贫攻坚工作以前所未有的力度持续向纵深推进，全社会行动起来，坚持精准扶贫精准脱贫基本方略，坚持专项扶贫、行业扶贫、社会扶贫等多方力量、多种举措有机结合和互为支撑的“三位一体”大扶贫格局，因地制宜，集中力量攻关，脱贫攻坚取得巨大成就。在这一背景下，作者到当时的国家级贫困县——武邑县深入采访，挖掘出该县积极探索实施“1+X+1”产业扶贫模式，既扶了贫又扶了“志”和“智”，让广大贫困户实现增收致富，从而交出了一份令人满意的扶贫答卷的动人故事。《让贫困户既“鼓”钱袋又“富”脑袋——武邑县“1+X+1”产业扶贫探微》一稿在《衡水日报》刊发后，《农民日报》《经济日报》等媒体先后转发，并荣获了 2017 年度河北新闻奖一等奖。

2018 年 2 月的中央一号文件提出，乡村振兴，治理有效是基础。必须把夯实基层基础作为固本之策，建立健全党委领导、政府负责、社会协同、公众参与、法治保障的现代乡村社会治理体制，坚持自治、法治、德治相结合，确保乡村社会充满活力、和谐有序。“三治”融合的乡村治理体系的建立成了乡村振兴的必由之路。在这一思想的指引下，作者在全市范围内的乡镇中摸底调研，优中选精，最终选中了桃城区赵家圈镇。通过深入调研，我写就《党建引领乡村善治的生动实践——桃城区赵家圈镇以“三治融合”破解基层治理难题》一稿，展现了桃城区赵家圈镇以党建为引领，坚持问题导向，推进自治、法治和德治“三治融合”，探索出一条乡村有效治理之路，构建了共建、共治、共享的乡村善治新格局的生动画面。

从体验采访中找共情

确定了新闻选题后，好的采访是一篇稿件成功的重中之重。笔者认为，除了采访前要做足功课之外，采访时与采访对象的共情，才是顺畅沟通的开始。无论是人物采访还是事件采访，归根结底，和记者打交道的还是人。在采访过程中，记者除了要用眼睛观察、用心去感受外，更多，也更直接的方式就是与采访对象的沟通。记者只有与采访对象建立了强烈的情感链接，捕捉到对方鲜明的精神特质，才能写出有温度、有价值的文字。

要做到与采访对象共情，就要和采访对象建立信任。首先，采访中要“蹲下去”。这个“蹲”是从动作上生发出来的，也就是记者要尽可能地到现场，见到采访对象。“见面情”是和采访对象建立信任的第一步。其次，采访是一个互相观察的过程，如果采访对象感觉记者在应付差事，那他自己也会糊弄。尤其在面对一些被媒体密集报道过的老典型时，那些采访对象往往是背台词式地接受采访。所以，记者的态度很关键，记者越是真诚，采访对象才会越重视。最后，采访时要学会换位思考，把记者从“旁观者”或者“观察者”的身份中抽离出来，变成“参与者”“发现者”和“推进者”，使采访对象感到被尊重、理解、接纳，从而拉近双方的心理距离，激发采访对象的表达欲望。

在“衡水说水”系列报道的采访中，主创人员在近 8 个月的时间里，走遍了衡水各县市区的 20 多个乡镇、60 多个村庄，全方位、多角度、深层次地了解、记录、分析衡水的水，写作初稿与素材近 100 万字。因长时间、高频次的采访，许多采访对象都和记者成了朋友，被记者们的敬业精神所感动，采访起来也就顺畅很多。《乡音声声传党音　一台大戏唱春来》中 75 岁的老社长郑桂更虽然热爱文艺、为剧社操碎了心，但却不是健谈的人。虽然能做到有问必答，但感觉还差点什么。直到记者来到她的家中，在她的帮助下穿上戏服、不太协调地学起舞台动作，老社长才打开了“话匣子”。可见，平等真诚的交流比程式化的采访，得来的东西要有意思得多。

俗话说“读万卷书不如行万里路”，有时即使采访对象介绍得再详细，描述得再生动，也不如自己亲身体验后写出的稿子精彩动人。亲身体验除了使采访素材更鲜活、更充实之外，也能让随后的采访进行得更顺利、更深入。记者的亲身体验会使采访对象潜意识里与记者拉近了距离，不拿记者当外人，这样一来他的“话匣子”就能打开，记者的素材也就更加真实、丰富。

从群众语言中找画面

新闻界前辈穆青曾经说过：“我们的新闻报道里如果充满了群众生动活泼的语言，文章就像加了味精一样，立即透出美味来。”实践证明，要想把新闻报道写得生动活泼、有画面感，运用好群众语言是一个很重要的方式。

衡水是农业大市，就当下来说，《衡水日报》的读者多有农村生活的经历和体验。因此，在写作的过程中，适时使用一些“庄稼话”“口语”，更容易拉近文章中所写的“人”和读者的距离。这也是《衡水日报》改文风的有效方法之一。多运用群众的语言和对话来写新闻，不仅画面感强，还可以令人感觉更亲切、亲近和轻松。因此，写作中最大限度呈现群众的原话，所产生的效果往往是意想不到的。

“土垄沟‘吃’水呀，两百米长的地头，水从垄沟这头流到那头就得个把钟头呢!”简短的一句话，将土垄沟的弊端和村民对浪费水资源的心疼表现得淋漓尽致。

“现在好了，增雨站就建在园区里，一有‘天儿’，气象局的同志们就给咱增雨。今年园区还没全面浇过地，单这一项，就给我们省了 300 多万呢!”两句简单的直接引语，既有园区负责人节约了成本的喜悦，又有对气象局工作人员的感谢，更有对人工增雨技术的自信。一个新时代农业园区负责人的形象仿佛立在眼前。

“衡水说水”系列报道中，便多处用了采访对象的原话，相较于书面用语而言，这样的“土话”“口语”既能准确表达意思，让群众容易理解，同时又给人以莫名的亲切感，进而拉近与读者之间的距离，引发共鸣。

所以，我们在采访过程中，要注意记录采访对象有特色的语言、动作和神态。将这些与众不同的描写运用到新闻写作中才能让作品有画面感，让作品中的人物更加生动传神，让读者更加有阅读的兴趣。

从写作手法中找突破

引人入胜的开头、详实的案例和数据支撑、生动的语言和形象的比喻、合理巧妙的段落安排和布局以及深入的分析和思考等都是成功的新闻报道的必备要素。其中，合理巧妙的段落安排和布局更是新闻报道引人入胜的关键。因此，要想使新闻“活”起来，就必须使用感性思维，将理性的表达转化为具体可感的画面，让读者在阅读的过程中产生共鸣和思考。

一篇新闻作品想要出彩或者出圈，一定要在写作上寻求新的突破。要采用打破常规的写作手法和制作标题方式，让读者阅读时眼前一亮。《55 年村账数“说”小康路——来自桃城区邓庄镇北苏闸村的报道》一稿，在采访阶段，就构思在数字上做文章，计划将跨度半个世纪的账目引入标题，让读者阅读起来更有新鲜感。文章从 55 年村账的数万个账目中精选出五组具有代表性、关联性的账目，以数字为切入点，记录了北苏闸村的小康足迹。每一部分的小标题设计处理得尤其用心，极具创意和吸引力。

> 1968 年 10 月，浆糊一瓶，支出 0.22 元；2014 年 7 月，建闸文化馆，支出 25 万元……

——这是一本民主账，“闸起闸落”见证乡村善治

这里面既有 55 年账目的明细，又有数字的对比，上副下主的两行标题还用两种字体做了区分，更凸显了“初心账”“经济账”“民主账”“文化账”“生态账”的层次和内涵，从抓党建、促经济、讲民主、兴文化、重生态五个方面，生动展示了北苏闸人小康路上 55 年不变的幸福接力和衡水农村紧跟时代步伐、谋求新发展的不懈奋斗。

《乡音声声传党音　一台大戏唱春来》一稿则是在角度新颖、结构精巧上取胜。此稿围绕一场演出“筹备—打磨—呈现”的曲折过程这条明线和春来剧社 24 年来一步步成长为深受党委政府信任、广大群众欢迎的“红色文艺轻骑兵”这条暗线，采用顺叙与插叙相结合的写作手法，以场景描写与背景概述衔接的方式，巧妙切换视角，既跌宕起伏又充满时代厚重感。稿件语言鲜活、细节生动，富有乡土气息，细节刻画匠心独具，人物形象立体饱满，极具可读性，是一篇具有较强传播力、引导力、影响力的新闻作品。

“衡水说水”系列报道则又有不同。这是一系列组合性报道，整个系列共有 23 篇作品，结构完整、严谨，主线清晰、相互呼应、关联性强，是全景展现衡水之水的首创新闻作品。其社会影响力在衡水日报社近些年的新闻作品中位居前列。

数字时代，网络上碎片化阅读已成为习惯。只有有竞争力的深度报道才能让报纸做出不可替代性。守正创新，就是要做强内容，创新传播手段，推出新闻精品，这才是新闻工作者今后努力的方向。

新时期做好新闻工作必需的四要素：理想、信念、情怀、汗水

新时期下，唱衰报纸的议论此起彼伏，甚至有的叫嚣报纸将死。然而，日报等纸媒的新闻报道的权威性、厚重性和深度等却是许多网媒无法媲美的。日报在新闻报道的及时性、纪实性，文字的严谨性，内容的完整性等诸多方面都有非常高的标准。笔者认为，要做好新闻工作，理想、信念、情怀和汗水这四大要素缺一不可，它们是一个有机整体，相辅相成。

一、理想是做好新闻工作的基石

习近平总书记在庆祝中国共产党成立 95 周年大会上曾这样强调，“面向未来，面对挑战，全党同志一定要不忘初心、继续前进”。《人民日报》于 2017 年元旦献词中也有“不忘初心，逐梦前行”的表述。由此可见，理想无论在哪个行业，都是初心，是坚守，是源源不断的动力，是持之以恒的活力源泉，而对于新闻记者而言，它就是我们的新闻理想。身为新闻人，我们可以获得别人难以体验到的快乐，这个快乐体现在从汹涌而来的讯息中，终于找到了有价值的新闻线索；是在经历了构思提纲、采访写作的过程后，终于让自己的作品见诸报端的那一刻；是在自己的新闻报道真正可以服务于大众，服务于人民，使人民群众受益的时刻。在追逐新闻理想的过程中，在不断付出与收获的路途

中，在那些孑然一身依旧踽踽独行的日子里，理想本身变得愈发丰盈与厚重。

《新京报》的陈杰曾在新媒体上发表了一篇《新闻，所不可触碰的禁区》，细数他这些年来的新闻历程与自身成就，可见其对于新闻理想的执着与坚持。而《新京报》之所以能够在北京乃至全国长久不衰，独树一帜，离不开像陈杰这样的一批新闻人的执着坚守，是他们每一个人用自己小小的一方水源，汇集成汹涌奔腾、一往直前的河流。新闻理想不仅是每一名记者骨子里的精神体现，更是做好社会新闻的基石。

二、坚定的信念是所有工作激情的源泉

坚定的信念是所有工作激情的源泉，是每个新闻从业者精神上的“钙”。尤其是对于我们党报记者来说，一份坚定执着的信念足以支撑我们克服采访路上的千难万险。习近平在十八届中央政治局第一次集体学习时就指出：没有理想信念，理想信念不坚定，精神上就会“缺钙”，就会得“软骨病”。新闻工作者要以高度的新闻事业心和强烈的社会责任感，尽职尽责地宣传党的路线、方针、政策和工作任务；反映人民群众的意愿和呼声，讴歌真、善、美，抨击假、恶、丑，忠实地记录着时代的发展变化，守望着公平正义。我们日报是党报，是党和政府的喉舌，有着更为重要的责任和使命，为了承担好这份使命，我们更需要担当，更需要信念，更需要党性原则，这是我们所要坚守的职业底线。

新闻记者这份职业，被时代赋予了诸多使命。李大钊先生有撰联言道：“铁肩担道义，妙手著文章。”用双肩承担起世间诸般人情正义，用两手写下弘扬真理与正气的篇章，是对我们新闻工作者的激励与警醒。老一辈新闻工作者的精神和信念，始终是支撑一代又一代新闻记者坚守新闻理想的力量之源。因此，我们新

闻人要坚定自己的理想信念。因为我们深知，新闻工作并不仅仅是一份普通的职业，而是事关国家苍生、社会进步和人类文明，是人们千百年来一直秉持的“天下兴亡，匹夫有责”的不懈追求。因为存在这样一份认识，明白自身的责任担当，不管新闻工作本身遭遇多大的风险，需要付出多大的艰辛与努力，我们也会乐观而充满激情地投入其中，尽力做好本职工作。

三、心中时常保持一份情怀是做好新闻工作的重要动力

在如今这个物欲横流的年代，有太多的各式各样的诱惑或阻挡或影响我们报人做新闻的路途。现如今传媒行业剧变，网络媒体发展神速，新媒体横空出世，自媒体行业兴起，太多的挑战接踵而至，纸媒的生存环境更加严峻，而让我们一直不离不弃的，就是来自内心的一份关于报人的情怀。除却一直以来的新闻理想以及坚定且无畏的信念，常怀一份这样的情怀、一份发自肺腑的喜欢，是十分必要的。

《南方周末》1999 年的贺词《总有一种力量让我们泪流满面》中写道：“总有一种力量它让我们泪流满面，总有一种力量它让我们抖擞精神，总有一种力量它驱使我们不断寻求‘正义、爱心、良知’。这种力量来自于你，来自于你们中间的每一个人。”“阳光打在你的脸上，温暖留在我们心里。为什么我们总是眼含着泪水，因为我们爱得深沉；为什么我们总是精神抖擞，因为我们爱得深沉；为什么我们总在不断追求，因为我们爱得深沉。爱这个国家，还有她的人民，他们善良，他们正直，他们懂得互相关怀。”这份力量，这份情怀，这份深沉的爱，就是每个报人所怀揣的一份沉甸甸的初心。

四、挥洒无数的汗水是做好新闻工作的必要条件

可以说，如果在前期的现场采访中不投入大量时间与精力，在后期组织文章的工作中不愿意耗费更多心思，是无法完成一篇优秀的新闻稿件的。做出一篇好的新闻，三分在写，而七分在于前期的采访工作。只有前期采访时能够做到心思缜密，细致入微，面面俱到，后期写起来才能够信手拈来，因为有足够的事实基础。尤其是对于我们做社会新闻来说，更需要实打实地进行现场采访，身临其境，才能真正写出言之有物的东西。如果只是凭借走马观花式的采访加联想与想象，写出来的报道必定空洞无味，缺乏足够丰富的内容支撑，甚至容易犯一些基本的错误，引起采访对象的不满。言之无物是报业记者工作的大忌，是每一个新闻工作者都需要远离的问题。

广东广播电视台曾推出一档名为《特别策划——为劳动者计步》的节目。栏目记者刘冬及节目组的工作人员以跟拍采访的方式去体验环卫工、护士、公交车司机、银行柜员等每天的工作。这是我们最常见也是与我们关系最密切的行业。为了切身感受他们的工作，凸显基层劳动者的艰辛与苦衷，反映普通劳动人民的敬业精神，给观众还原最真实、最生动的新闻细节，就要不怕苦、不怕累，真正深入群众，体验普通劳动人民的生活，才能写出真实可信的东西，做出贴近人心的节目。

尤其在工作初期，为了充分体会职业，无论是井盖缺失、路灯不亮，还是乱停车、垃圾堆积这种新闻，笔者都会抢着去做。为了锻炼自己，新闻无论大小都要尽力采访，认真完成，这是一个记者最基本的职业素养。跑火灾现场，去车祸路段，深入社区，心系基层，这些大大小小的新闻累积成巨大的能量，成为支撑我们前进的基础。为了做好一个现象类采访的新闻，笔者曾在

寒冷的冬天冒着风雪，骑着电动车三度去不同的地点访问调查，为了等到最佳的采访时刻在寒风中站几个小时是常有的事。为了最大限度地还原事实，并且采集到足够多的新闻材料，一点点的付出与辛劳是非常必要的。只有做好完善的采访提纲，掌握足够多的采访资料，才能写出结构完整又丰富充实的新闻。

报人由于特有的职业要求，无论是出于自身理想信念，还是从国家和社会的层面考量，唯有不断地奔跑在路上才能找到存在的价值。做好记者，“勤”字是关键，永远不畏吃苦，不怕受累，永远人在途中，身在路上，才能不断发现好的新闻。终日坐在电脑前，是无法写出好新闻的，只有真正地走出去，才能与好的新闻线索和好的故事相遇。

结语：

理想、信念、情怀、汗水，这四大要素不可或缺，只有坚持这四点，才能写出丰富而精彩的新闻，铸就自身丰富而精彩的人生。笔在手中，路在脚下，使命激荡在心间。身为当代报人，我们要用自身微薄但坚定的力量，与人民同呼吸，与时代共进步。身为新闻工作者，我们要不忘初心，用理想指引前进的方向，以信念点燃工作的激情，用情怀书写生命的篇章，以汗水铸就充实的人生。

（原载 2018 年第 3 期《视听》）

“互联网+”背景下
日报社区新闻 O2O 报道模式浅探

“互联网+”的概念，最早在 2012 年提出，而“O2O”则是指将线下的商务机构与互联网结合，让互联网成为线下交易的前台，这个概念最早来源于美国，如今被广泛应用于各行业各领域，其中不乏传统媒体。

近年来，在传统媒体报道中，日渐发挥重要角色的社区新闻也逐渐呈现出一种新态势，与新媒体强强联手，进行深度融合，通过开发“线上+线下”的综合报道模式，来增强新闻报道的互动性与服务性。

一、“O2O”盛行的情况下，社区新闻报道呈新态势

什么是“O2O”？即 Online To Offline，是一种新型的网络营销模式，指将线下的商务机会与互联网结合，让互联网成为线下交易的前台。通俗点可以理解为，线下销售与服务通过线上推广来揽客，消费者可以通过线上来筛选需求，在线预订，结算，甚至可以灵活地进行线下预订，线下交易、消费，其两大基本特点就是互动和服务。

新闻作为一种特殊产品，也可以采用 O2O 模式进行销售。

社区新闻指发生在某一社区里，与社区居民有关的信息、故事、新闻服务以及新闻活动。社区新闻属于服务于居住地社区居

民，强调其归属感和认同感的新闻。“发生在某一社区里的”限定，将社区新闻与一般的城市新闻或社会新闻区分开来；“与社区居民相关的”限定，将社区新闻与时政类新闻区分开来；“信息、故事、新闻服务以及新闻活动”则扩展了社区新闻的外延，相对于传统的新闻样式，社区新闻不仅包括信息、故事，还包括媒体组织或参与的社区服务、活动。

通过以上两个定义，可以说，互动与服务是两者的共性。

近年来，在各个行业以“互联网+”为基础进行转型升级的大背景下，地方纸媒中日报的社区新闻在报道内容、报道模式等方面也在发生转变，为了实现“最后一公里”的目标，社区新闻更加注重“与人互动、为人服务”的报道理念。这里的“与人互动”，指的是媒体与被报道对象间的互动，以及被报道对象之间的互动，诸如居民、居委会、物业与传统媒体的互动，居民、居委会与物业之间的互动等。

所有这些互动，均可以通过互联网、微信、微博、客户端、视频直播等融媒体平台进行报道，也可以利用这些平台为社区居民提供所需的各类服务。

在这个发展过程中，逐渐以“互动和服务为上”的社区新闻也逐渐融入“O2O”式的线下线上融合模式，呈现一种新态势，迸发出新的活力。

二、用“O2O”方式报道社区新闻具备可行性

“O2O”的销售模式，实质就是以客户需求为起点，将线上应用与线下商家相融合，构建起来的一个销售模式，最终目的是达到客户满意。其中，线上的互动、服务是整个环节的核心，随时随地沟通，打造及时、畅通的服务体系，才能最终形成一个海量的用户信息库，增强用户黏度。

"O2O"的销售模式同样适用于社区新闻报道。如果一篇传统的日报社区新闻运用"O2O"方式进行报道，那么报纸作为一个刊登报道内容的平台便是"线下"，这个"线下"是打造内容、向读者进行推广的舞台；而记者通过网络、微博、微信等新媒体传播途径搭建与读者之间的沟通与互动的桥梁，组织各种贴合报道主题的活动则是"线上"，这个"线上"是维系读者关系，提供读者所需的渠道。

通过这种方式，可以大大加强报纸与读者之间的互动，实现稳固一个庞大读者群的目标，使社区新闻写出来更生动，更吸引人，更具传播力。

同时，在报道过程中尤其是活动报道中，作为一个社区记者，还可以策划者、组织者、参与者的身份活跃在"线上线下"，使报纸更接地气，更好地为读者服务，并有效实现传统媒体与新媒体的深度融合，呈现出"内容为王""服务为王"的双重优势。

三、"O2O"式社区新闻报道的实际操作

（一）线上线下资源共享，增强了主流媒体的互动性

近年来，《衡水日报》加强了对社区新闻的报道力度，并在部分社区建立了"报道基地"，对辖区各社区发生的大事小情进行报道。

除了记者"线下"自采新闻外，还广泛建立通讯员队伍，利用这些"线上"资源，挖掘出一大批鲜活的社区新闻，诸如桃城区河西街道的《"创城明白人"的一天》、桃城区福苑社区的《"社区书记轮岗制"激发基层治理活力》、衡水高新区和平街道的《蒸馒头大赛蒸出红火好日子》、桃城区中华大街街道《社区学校让居民"处处可学"》《为高龄老人举办集体生日宴》等，有效增强了传统媒体与辖区居委会、街道办的互动性，极大地满

足了受众读者的阅读需求。

随着私家车数量的与日俱增，小区“车多位少”现象日益突出，关注小区停车难问题成为社区记者关注的焦点问题之一。2016年，《徐州日报》社区记者在当地“两会”期间，推出了一组关注小区停车难的系列报道。第一篇通过实地探访多个新老小区，发现停车难已成通病，立即在“线下”的报纸平台上以《小区停车难迫切“求解”》为题，将报道刊出。那么如何破解这一难题？带着问题，社区记者一方面通过微博、微信等在“线上”征集各方意见，另一方面召开圆桌会议，听取业委会、市市政园林局、市人大常委会环资城建工委、市房管局等多方意见，提出实现资源共享的建议。通过连续多篇“线下”的社区新闻报道，“线上”的意见汇总采集，对小区停车难这一现象进行了“O2O”式的报道，互动结合，资源共享，为城市的管理者提供了权威的、有公信力的参考数据和实例，发挥了党媒的喉舌作用。

（二）线上线下联动，践行主流媒体的社会责任

城市的温暖，源自人与人之间的相互关怀以及居民对这座城市的热爱。每逢重大节日，送温暖系列报道就会成为媒体报道的一项内容。在这些日常报道中总有一些亮点值得借鉴学习推广。

例如，2015年《金华日报》刊发的一组“衣衣不舍”衣物爱心传递公益行动系列报道起缘于一场公益捐助活动。2015年9月媒体在当地市区设立了几个旧衣物回收点，希望社区居民将家中闲置的旧衣服送至回收点，再通过爱心组织捐给贫困山区或贫困家庭中需要帮助的人。活动从“线下”发起，并通过官方微信群、微博、客户端等“线上”平台及时发布，参与活动的热心群体也纷纷利用朋友圈进行刷屏，很快，这个公益活动迅速点燃了读者的参与热情，旧衣物回收点数量增加至60多个，捐衣人数多达千余人。活动期间，还有不少热心市民自发加入到分拣旧衣

物的行列中。

报纸版面、网络平台、爱心捐衣点，共同搭建“三位一体”的爱心网络，从纸媒延伸到社区，再用“爱心”将捐衣者与受助者连在一起，打通城市旧衣物的回收捐助通道，为居民提供了向社会回馈公民责任的机会和条件。可以说，这种“线上”信息发布与“线下”互动活动结合的“O2O”报道模式，一方面成功地实现了爱心对接，另一方面实现了媒体与读者间的互动，也展现了党媒的社会责任与担当。

（三）强化主流媒体社区新闻不可替代的服务功能

纸媒的五大传统功能包括提供信息、深度分析、发表评论、提供娱乐、提供服务。现在，新兴媒体已经可以替代其中大部分功能，但相较之下，新兴媒体的社会服务、社区服务功能则处于劣势。因此，传统纸媒的社区新闻应当进一步强化其不可替代的服务功能。

早在 2007 年，深圳《宝安日报》就提出“立足社区，服务社区，做社区内的主流媒体”的理念，并大力发展社区报，其服务理念始终贯穿在社区报办报的每个环节中。

从采编角度看，服务社区，要求记者深入社区，扎根社区，了解社区居民需求。《宝安日报》把记者联络站建到社区里，贴身了解并报道社区，充分满足社区居民的各种需求。《宝安日报》还依托“O2O”概念和模式，把“服务大巴”开进社区，将居民所需的医疗、保健、金融、法律等方方面面都直接送进社区。这种线上线下的互动，既方便了居民生活，又丰富了报纸版面内容。

媒体服务的本质，在于用新闻信息为读者提供最大程度的服务，让“新闻纸”成为“实用纸”。《宝安日报》通过不断探索，拉近和读者的心理距离，扬社区报“小而活、近而亲”之长，突出媒体的服务性与互动性。

结语：

传统媒体转型升级，大势所趋。在互联网飞速发展的时代，利用新媒体的渠道优势，通过“O2O”的报道模式，在纸媒内容优势的基础上，增强日报社区新闻的互动性与服务性，做好社区新闻的守望者，适应时代发展，实现媒体融合。

（原载《采写编》2017年第6期）

打造精品的一次生动实践

——河北新闻奖一等奖作品
《55年村账数“说”小康路》创作记

在2020—2021年度河北新闻奖评选中，衡水日报社报送的作品《55年村账数“说”小康路——来自桃城区邓庄镇北苏闸村的报道》荣获河北新闻奖通讯与深度报道类项目一等奖。

习近平总书记曾在全国宣传思想工作会议上，着眼于加强宣传思想工作队伍建设，提出了“增强脚力、眼力、脑力、笔力”的要求。《55年村账数“说”小康路》一稿，可以说是新闻工作者践行“四力”、用匠心打造精品、增强舆论引导力的一次生动实践。

立足时代背景 确定“硬核”选题

2020年中央一号文件提出，确保农村同步全面建成小康社会。“全面建成小康社会”是时代主题，也是2020年各级媒体报道的重点。作为新闻奖作品，必须要有高度、有站位，要站在时代的最前沿找选题、看问题，聚焦重大主题，彰显新闻价值。因此，在选题策划上就要立足于这个时代背景。

桃城区邓庄镇北苏闸村是全国文明村，党和国家领导人江泽民、温家宝等曾先后视察过该村，并给予高度评价。多年来，北苏闸村作为“新闻富矿”一直被媒体关注和报道。北苏闸村在经济、政治、文化、社会、生态文明建设方面取得的成绩，值得深入探索挖掘。综合考虑，主创团队觉得选取北苏闸村这个正面典型，将更有说服力。

采访中，主创团队力求在这个“老典型”身上发掘出新亮点，抓住大家的眼球。在这个村里，记录了55年的账本，本身就具有很强的新闻价值和吸引力。经过深思熟虑，主创团队决定以55年村账为小切口，从代表性、关联性账目数据中，探寻北苏闸村小康足迹，提取致富“密码”，感受时代变迁。因此，结合全面建成小康社会的“五位一体”总体布局，主创团队从抓党建、促经济、讲民主、兴文化、重生态五个方面谋篇布局，通过数据对比，全面展示北苏闸人小康路上55年的接续奋斗和衡水农村紧跟时代步伐、谋求新发展的不懈追求。

好选题是好新闻的基础。一篇好的新闻报道，是以一个好的选题为种子生长而成的，而在关于全面建成小康社会的信息洪流中，我们网到了“金种子”、摸到了“大鱼”。

扎实践行“四力”创作“走心”精品

2020年7月底，在确定好这一选题后，主创团队便着手采访。2020年8月在报社领导带领下，记者编辑正式走进北苏闸村，初步了解情况，搜集相关素材。

走进村史馆翻阅账本，面对1965年以来村里保存的350多卷账册、3万余份票据，搜集、梳理、发现和筛选有用数据，对大家而言是巨大的挑战。哪些数据更典型？数据背后隐藏着什么故事？选择哪些精妙的细节更能展现深刻主题？这种判断和把控十分不易。文章计划从党建、经济、文化、民主、生态五个方面入手，账目也以此划分，每个方面都选出四五组数据，再从中确定一组最有说服力的数据。由于部分账目在镇政府存放，主创团队又两次前往邓庄镇政府查找。为了寻找到数据背后的故事，主创团队先后7次进村，采访了近20位村民，又到镇政府了解情况，还多次向有关单位的领导和专家咨询，不断发现新细节、新亮点，并查阅了大量资料，积累了丰富素材，最终从中提炼出代表性数据和典型事例。

其间，不断调整稿件结构，创新表现形式，最终确定每部分内容以一组对比数据的形式提炼小标题，以达到新颖吸睛、主题突出的效果。整个采写过程中，大家集思广益，分工协作，互相鼓劲。记者认真推敲，反复打磨。1.2万字的初稿，不断压缩、调换、增添内容，先后修改20多次；编辑精益求精、字斟句酌，进一步润色、完善，力求把稿件做精、做细、做活、做好。最终，历经近半年的策划、采写、编辑，近5000字的作品在重要版面刊发，基本达到预期要求。

坚持守正创新 发扬工匠精神

这篇有温度、有深度、有跨度的新闻佳作，之所以受到评委的一致青睐，在全体评委投票中高居榜首，主要是因为：

稿件主题重大、新闻性强，突出了决胜全面小康的时代背景；结构精巧，层次分明，从55年村账的数万个账目中精选出五组具有代表性、关联性的账目，以数字为切入点，记录了北苏闸村的小康足迹；语言鲜活，生动自然，娓娓道来，引人入胜；材料详实，事例典型，从抓党建、促经济、讲民主、兴文化、重生态五个方面，生动展示了北苏闸人小康路上55年的接续奋斗和衡水农村紧跟时代步伐、谋求新发展的不懈追求。此外，稿件注重陈述的同时，更注意政治上的表达。这篇新闻作品，不仅是北苏闸村决胜全面小康的故事，也是衡水农村决胜全面小康的缩影，同时也是新闻工作者践行“四力”的一次生动实践。

报道一经发布便引发强烈反响和关注，受到衡水市委宣传部领导高度评价，赢得广大读者及业界同人广泛好评。衡水日报社评审组将其评为年度优秀稿件并向上级部门推荐。河北新闻网、河北广播电视台冀时客户端、长城新媒体冀云客户端、中国经济网、中国网、长城网、河北共产党员网、今日头条等媒体纷纷予以转发，多家媒体闻讯进村采访。北苏闸村小康建设的生动实践，为全市乃至全省实现全面小康、推进乡村振兴提供了有益样本。

通过这篇稿件，我们深知，创作好的作品，需要用心、用力，不怕苦、不怕累，以精益求精、追求卓越的工匠精神投入采访报道，不断增强自己的脚力、眼力、脑力、笔力。创作好的作品，需要有创新思维、传播正能量。就小康题材来说，媒体不但有责任讲好小康故事、宣传小康典型，而且还要让它成为决胜全面小康的载体；不但要弘扬新时代主旋律，而且要传播正能量。同时，作为党媒，要严把政治导向关、严守新闻真实性的底线，用心、用情、用力提高新闻作品的质量。

采访往往是遗憾的艺术，由于账本记录部分缺失的客观原因，加上记者业务水平有限的主观原因，发布的稿件与理想中还存在一些差距。但新闻作品的创新创优没有止境，新闻工作者只有深入探索其中的规律，才能推动创作实践健康发展。

至爱无形

——《情暖夕阳红》采访札记

受命去采访马福兰时，只知道她是一个爱老敬老的优秀典型。因为曾有过伺候病患的经历，所以对马福兰能够十年如一日默默工作，能够和患病在床，或性格古怪的孤寡老人朝夕相处，深深地感到由衷的敬佩。在去采访的车上，我就已经勾勒出了一个温和慈祥、任劳任怨劳动妇女的形象。

这次采访和以往不同，由于马福兰患病在身，不能太过劳累，所以我们几个文字记者整个上午都是在听别人讲马福兰的事迹，看人们为马福兰流泪。说实在的，我虽然当记者的时间只是一年有余，可对优秀典型的采访却并不陌生。虽然每个人都把自己的事迹材料写得生动而感人，可我从没有见过有哪一个受助人在接受采访时会痛哭失声。可在对马福兰的事迹进行外围采访时，我当真见到了，并且也曾数次被接受采访的人的眼泪所感染，有几次我的眼泪也在眼圈里打转。

是什么让耳聋且年事已高的温院长在人生地不熟的郑州一住就是 20 来天？是什么让一个素不相识的中年汉子在我们几个记者面前失声痛哭？又是什么让养老院的孤寡老人们望眼欲穿？那不就是人间最真、最热，也最朴实的真情吗？没有胜利者的荣耀，也没有成功者的光环，没有可歌可泣的英雄事迹，也没有顶天立地的壮志豪情，就只有真实，朴素的真实，时刻围绕着你我他的真实，也正是这真实让我们心中发暖，让我们鼻子反酸，让泪水在我们的眼眶中打转……

其实，在愈加深入的采访中，我的心里逐渐产生了这样一个念头：希望不要见到马福兰。是怕病榻上憔悴的面容破坏了心中美好的形象？是怕“故事”中完美的人物被现实打破？但是记者的本能，又驱使着我迫切地想要见到马福兰本人。

当日下午，挡在我们几个文字记者和马福兰之间的这道门终于打开了。在见到马福兰的一刹那，我心中不觉一惊。正像我在文章中写的那样：“第一眼里的马福兰是一个秀美恬静的中年女子，似乎她骨子里就透着一种中国传统劳动妇女所特有的尊老爱幼、与人为善的美德，但是她恬淡的语气中却更有着自己对人生和事业的超然豁达。”

的确，马福兰就这样随意地斜歪在床上。她和我心中所描绘的形象，相差甚远又不差分毫。一种莫名的好感驱使着我坐在她床前的板凳上，几乎能感受到她说话时微微的喘息。感受着她眼睛中的祥和与温暖，我们的采访顺利进行。

不知怎么的，我觉得马福兰的脸上始终有一束阳光，无论是我们在房间里采访时，还是最后在院子里拍镜头的时候，好像总有一束光在追着她。这让她脸上柔和的线条愈发显得温暖……

采访结束时，我们几个记者和当地的同志在交流中得到这样一个结论：马福兰对孤寡老人的照顾早已经超越了工作的范畴，也不仅仅是敬老爱老的道德约束，而是她对老人们的一种情感的升华，是一种渗透到生命中的真情至爱的自然而然的流露。

（原载 2005 年 5 月 14 日《衡水日报·晨刊》）

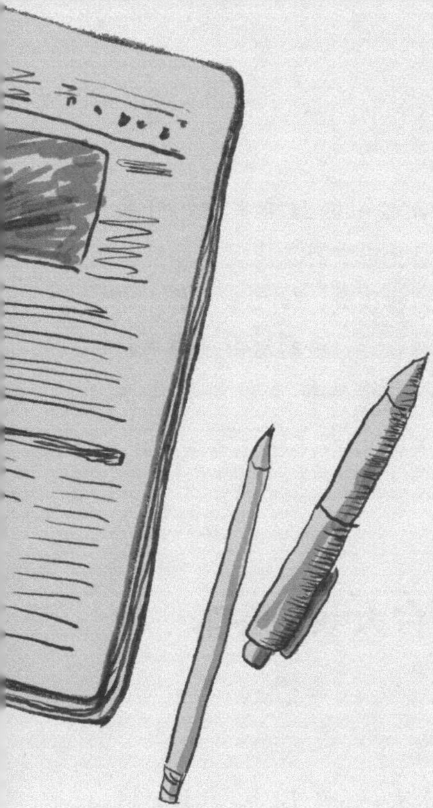

第二章

城乡观察

在桃城区赵家圈镇赵家圈村，有一支24年长盛不衰的业余文艺队伍——春来剧社。他们扎根农村沃土，创作群众喜闻乐见的节目，不遗余力宣传党的政策，传播正能量，讴歌新时代。今年，党的二十大胜利召开，激励这群平均年龄超过60岁的老人，以更加昂扬的精神投身新的创作演出——

乡音声声传党音　一台大戏唱春来

“竹板一打顶呱呱，上台说说二十大……”12月29日，桃城区赵家圈镇组织的一场别开生面的“云上演出”拉开序幕。一个个精彩节目在网络迅速传播，把党的声音送到全镇73个村3万多群众心坎上。

这场学习贯彻党的二十大精神主题汇报演出，赵家圈村春来剧社筹备了6个月；而宣传党的声音、弘扬优秀传统文化、传播向上向善正能量这台“大戏”，他们已经唱了24年。

“今年党的二十大召开，咱一定要好好演一场，把党的声音唱给乡亲们听!”

——受益农村发展，见证时代变迁。24年坚守，“春来”知党情、传党音、颂党恩，重大时刻从不缺席

“七一”前夕，赵家圈村党支部携手春来剧社在镇“明星企

业”新光新材料科技有限公司礼堂演出。终场歌舞《绣红旗》余音未息，75 岁的老社长郑桂更叫住了主持人——“新光”副总胡贵方。

“大方，剧社得排新节目了。今年党的二十大召开，咱一定要好好演一场，把党的声音唱给乡亲们听!”

“是呢，咱们想到一块儿去啦!”

春来剧社成立 24 年来，每到重要时刻，都会创作新作品、排演新节目。逢年过节自不必说，党和国家每有大事喜事，他们从不缺席。

胡贵方是有着 40 多年党龄的老党员，从部队转业后与同学一起创立新光公司。企业沐浴改革开放的春风，如今已是行业翘楚。他与“春来”相识多年，经常帮剧社创作节目。

这边，胡贵方开始构思新作品；那边，郑桂更酝酿新的节目单。剧社现有 20 多名成员，储备节目近百个。“京评梆豫黄梅戏，歌舞快板诗朗诵，节目质量都不差。谁上？上啥?”

回首来路，郑桂更感慨良多。从三四个人在她家小院里唱戏曲“卡拉 OK”，到 1998 年成立“队伍”，再到 2001 年登上桃城区“秋之韵”农民文艺汇演舞台“一炮而红”……一路走来，“春来”节目种类越来越多，逐渐成长为“晚会型”文艺团体，一场演出能持续 3 个小时。

春来剧社前后有过百十位成员，包括普通农民、街头商贩、乡村教师、企业员工等。他们是十里八村的“明星”，走到哪里都能吸引人们的目光。剧社“元老”都是改革开放后率先富起来的一批人。上世纪八九十年代，赵家圈镇的乡镇企业发展迅猛。经济的富足，为人们的精神文化生活提供了优渥的土壤。当年，是郑桂更家买了赵家圈村第一台 VCD。

赵家圈镇党委很早就关注到这支充满活力的业余文艺队伍，

积极引导，一路扶持。剧社之名，就出自原赵家圈镇文化站站长王新明之手。

“就叫‘春来’吧！咱们的根在平原大地，团队萌芽在改革开放的春天，演的多是红色经典作品。咱们唱到哪儿，就把春天的消息带到哪儿……”当年王新明的话语回响在耳畔，郑桂更心中的节目单逐渐清晰：《为祖国干杯》《祝福祖国》《党旗颂》，加上胡贵方正在创作的党的二十大主题诗朗诵和快板，还有剧社的保留节目，一定是台好戏！

节目单确定了，位于赵家圈村村委会大院的春来剧社小演播厅，又成了大家的“打卡地”。“俺们‘春来’一直这样，大家平时都忙，只能抽空约时间排练。可一有人到，老社长准到。”新任社长田秀珠对郑桂更很是敬佩。

“镇上又让我给大伙儿送‘支援’来了！”听说春来剧社正筹备“喜迎二十大”主题演出，赵家圈镇综合文化服务站站长王擎给大家带来添置新服装的好消息。

在“春来”人眼里，爱唱爱跳的王擎早成了剧社一员。她常来和大家一起排练，有演出就帮着录音、录像，既是老人们的服务员，也是镇党委与剧社的联络员。有时演出人手不够，她还能“救场”。

多年来，在各级党组织大力支持下，春来剧社的“根据地”不断升级——从最初赵家圈村的街边空地、村民广场，到村党群活动中心二楼50平方米的排练厅，再到村委会院内新建的小演播厅……随着“硬件”提升，“春来”的演出水平也不断提高。2019年，春来剧社被桃城区委宣传部授予“服务农民、服务基层文化建设先进集体”称号；同年，全省传统戏曲“进校园、进农村”观摩会召开时，省市领导曾来参观。

赵家圈镇党委宣传委员寇道骋，经常给“春来”送党的政策和时事信息，被大家亲切地称为“党建指导员”。在他看来，剧社成员是改革开放的受益者，对党发自内心地感恩拥护。“他们主动配合镇、村工作，用群众易于接受的形式，宣传党的富民政策，繁荣乡村文化生活，是咱们党委政府培养的‘走不了的文艺轻骑兵’。”

“内容还得细打磨，形式还得再完善，节目只有接地气，才能聚人气、提士气!”

——唱歌演戏是爱好，鼓舞群众是责任。24 年成长，“春来”追求精益求精，力求作品入脑入心

因为疫情，春来剧社“喜迎二十大”主题演出未能实现，每周的排练也被打乱了。郑桂更调整思路，决定利用这段时间“练内功”。

10 月 16 日上午，剧社成员在老社长招呼下坐到电视机前，聚精会神地收看党的二十大在京召开的盛况。

“党的二十大主题是什么，十年来发生了哪三件大事，如何用数字解读大会报告……这些都要融进去。”胡贵方的创作思路打开了，诗朗诵《新时代十年之变》、群口快板《凝心同奋斗　聚力启新程》初稿很快完成。

有了新作品，“春来”微信群里一下子热闹起来。王擎把精心挑选的党的二十大精神相关内容发到群里，方便大家学习。胡贵方综合多方意见，反复修改，数易其稿。

“青山绿水连着天安门，新时代来了领路人……”11 月 8 日，衡水知名作家杨新城来到剧社，给“春来”送上一份“大礼”——由他作词、天津音乐学院教授王莹红作曲的新歌《领路人是咱村里人》。

为什么选择“春来”首唱？杨新城表示，这首歌主要体现习近平总书记对广大农民的深切关怀，歌声就应该来自田野、来自农家！“一定要仔细揣摩每个词句的含义，演唱时要带着感情，要在心里畅想乡村振兴的美好图景，真切体会那种感恩与感动。”

“中国风、民族范儿，好听、好学，还好唱！”演唱优秀原创新歌，让剧社成员都很兴奋。合唱组专门建了微信群，通过发送语音，你唱一句，我唱一句，反复讨论，不断打磨。王同转在家做着饭练唱，晚上躺到被窝里还在背歌词；田春恋边看孩子边练歌，小孙女很快也学会了。现场排练时，郑桂更因为扭了腰，干脆歪着身子半躺在小舞台上指导。稍微好一些，她就举起平板电脑为大家录视频。

排练间隙，大家探讨舞蹈动作。“唐老师在这儿就好了，他准能给咱想个最佳方案。”

唐老师名叫唐同乐，曾任桃城区文化馆党支部书记。2001年夏天，为筹备桃城区第一届“秋之韵”农民文艺汇演，他带着3个学生到赵家圈镇对点帮扶，一待就是一个月。此后，唐同乐和春来剧社成员常来常往，从师生变成了“亲戚”。

“八个人不好站位置，最好再多俩人，队列呈弧形……”“内容还得细打磨，形式还得再完善，节目只有接地气，才能聚人气、提士气！”由于疫情原因，唐同乐不能到场。郑桂更便通过微信视频，请他“屏对屏”指导。

“学习党的二十大报告，我们要深刻理解文化振兴在乡村振兴中的重要作用……”11月13日，赵家圈镇党委书记李向阳来到剧社作专场宣讲，“‘春来’要发挥‘身边人演身边事’的优势，宣传好党的二十大精神，引导群众感党恩、听党话、跟党走。”

各级党委政府的关心支持，让“春来”人感到肩上的担子更重了。

“咱们现在不是单纯为了自己高兴而唱，而是要更好地宣传好政策、弘扬正能量。”曹林洪、田秀珠都是剧社“元老”，对于“责任”二字感受更深。

24年来，春来剧社从赵家圈村出发，走遍了全镇各村，又走向周边乡镇。除了在集市上表演，到医院、养老院、部队慰问，他们还积极参加桃城区、衡水市甚至省里组织的系列文化活动，最多时一年演出50多场。每次演出，他们都精心准备节目：群口快板《自信满满奔小康》宣传党的富民政策，表演唱《逛新城》展现城乡日新月异变化，诗朗诵《衡水精神》歌颂社会主义新风尚……一个个小节目，用乡音土语大白话说理道情，传递着满满的正能量。

停了电就清唱，天气不好就把观众请进换装的帐篷，自己迎着风雪表演……“‘春来’是好人演好戏！他们不仅是党的声音的传播者，还是文明新风的践行者、弘扬者。”王新明说，不仅郑桂更家是“五好家庭”“文明家庭”，当年镇里评选“十星级文明户”，春来剧社成员几乎家家门上都是“满星”。

在春来剧社的辐射带动下，赵家圈镇各村的文化活动蓬勃开展：岳贡桥、东护驾庄等村在地头树下开辟了“大自然剧场”，桥头、张家圈等村利用闲置房屋建起了“文化小屋”；镇内外文艺爱好者结成“文化亲戚”，同台为群众献歌献舞。

“在我们镇，唱唱跳跳的多，说闲话打麻将的少；敬老爱亲的多，邻里不和的少；遵纪守法的多，惹是生非的少；发家致富的多，好逸恶劳的少……”寇道骋自豪地说，行走在这里的村街小巷，常常能听到弦歌声响。文化的浸润滋养丰富了群众的精神生活，净化了社会风气，也提升了新农村的幸福指数。

“不能‘面对面’，咱就‘云上见’，宣讲党的二十大精神这场演出必须搞好!”

——因时因势而变，因情因物而动。24 年探索，“春来”紧扣时代脉搏，和曲而歌活力常在

受疫情影响，近 3 年“春来”现场演出减少了。他们在镇党委帮助下转战“线上”，把一台演出“化整为零”，在网络上推送小节目；或是利用适当时机，“见缝插针”进行小规模演出。新创编的快板书《众志成城战疫情》《坚决打赢防疫战》，河北梆子新唱《战“疫患”》等小节目，给人们鼓劲打气，增强了信心和力量。

疫情防控二十条优化措施和“新十条”优化措施相继出台，形势发生变化，但短期内现场表演仍难实现。

眼看精心准备了半年的节目不能搬上舞台，王擎也跟着郑桂更他们着急。

“大家的心血不会白费。不能‘面对面’，咱就‘云上见’，宣讲党的二十大精神这场演出必须搞好!”王擎的建议得到大家一致认可。

说起来容易做起来难：谁来拍摄、怎样制作、如何传播……一连串的问题，摆在这些平均年龄超过 60 岁的老人面前。“目前的形势，只能自己用手机录了，‘家拍网演’咱也能排好一台戏!”大家相互鼓励。

原创歌曲《领路人是咱村里人》参演人员多，录制难度最大。王擎提议，每人先录一段完整演唱视频，再剪辑制作。“大家把手机固定在正前方，采用横屏，画面显示上半身就行……”

画上精致的妆容，头发梳得一丝不乱，穿上崭新的演出服，

摆好姿势——“一定得唱好！比平时还要好!”李月英深吸一口气，缓缓举起话筒。面对手机镜头，她仿佛又看到了父老乡亲一双双热切期盼的眼睛，听到了不绝于耳的热烈掌声。24 年过去，“春来”和她从简朴的农家院落、集市广场，一步步走进辉煌的省市剧院；如今，借助移动互联网新手段，他们要把这出好戏搬上“云端舞台”。

经过反复录制和紧张的后期制作，一场特殊的“礼赞二十大文艺颂党恩”网络文艺汇演“杀青”了。

赵家圈镇党政办把春来剧社“云上演出”的消息通知到了各村各单位，并于 12 月 29 日在镇政府微信公众号上推送。

李月英的父母是春来剧社的忠实“粉丝”，以前有演出场场追着看，这次足不出户，在手机上就饱了眼福。

“这快板听着真带劲”“这首歌真好听”“这场演出真不赖”……一时间，“云上演出”的视频“霸屏”了赵家圈人的“朋友圈”。大家在电脑、手机上欣赏着“春来”放怀高歌、深情讲述，不禁感叹：“这群老人真是了不得!”

这些年，春来剧社就是靠着这份执着，求变求新，长盛不衰!

严冬终会过去，春天即将来临。新建成的赵家圈镇新时代文明实践所大舞台“万事俱备”，期待“春来”带给父老乡亲更多精彩……

（原载 2022 年 12 月 31 日《衡水日报》）

（主创：王义朋、刘彦成、沈晓燕、韩雪、李红丽、耿春光，该作品获河北新闻奖一等奖）

55年村账数“说”小康路

——来自桃城区邓庄镇北苏闸村的报道

在“全国文明村”桃城区邓庄镇北苏闸村，有“一本”记了55年的收支账——1965年以来，村里大小开支一笔不落，进出账目分文不乱；350多卷账册、3万余份票据有些已经泛黄，但依然字迹清晰、保存完好。

冬至过后，我们来到北苏闸，转街巷、入农家，看账本、听故事，在一卷卷账册里探寻小康足迹，从一组组数据中提取致富“密码”，在乡亲们的回忆里感受时代变迁……

1968年4月，安双山为打井捐款80元；2016年2月，全体村民为安俊合捐款1.2万元……

——这是一本初心账，红色传承彰显为民情怀

1963年的大水，冲走了北苏闸村的老账本。1965年1月，村党支部决定重建新账。

面对71.57元的家底儿，党员干部深感汗颜，遂立下率民致富的铮铮誓言。

账本翻到1968年。从4月27日至12月19日，打机井相关款项密密麻麻记满了一页，各项开支合计9429.69元。其中，就有村党支部副书记安双山捐出的80元。

这一年，为了解决村民吃水和浇地难题，北苏闸要在村东打一眼深机井。可是，村集体难以支付近万元费用。

正在大家一筹莫展之际，安双山率先站出来，捐出了家里所有的积蓄。一时间，全体党员、在外工作的本村人士纷纷响应，很快凑齐了打井款项。

随着衡水县城东第一眼深机井出水，北苏闸村当年就结束了吃返销粮的历史，每位村民还分到 20 公斤小麦。

党员就要为民谋幸福，在北苏闸村有着光荣的传统。仅抗日战争期间，就有村党组织创始人苏大凯、村第一批党员苏立环等 17 名英雄儿女，为民族解放和人民利益献出宝贵生命。

在老一辈的影响下，北苏闸村历任干部、每名党员都能时时处处为群众着想。在群众眼中，党员干部无论大事小事，都冲在前头干在实处。

2016 年正月初一，村民安俊合家突然失火。灭火时，他从房顶跌落摔伤了腿，家也被烧得不成样子。村党支部书记安永吉二话不说，就把他们一家四口接到自家住下。

“当年为了给全村人打井，双山书记拿出全部家当。现在俊合一家受灾，咱不能眼看着他遭难!”村党支部发出号召：全村都来献爱心，帮助安俊合家渡难关。

“一共捐了一万两千多，拿到钱时俺掉了泪。”彼时情景，安俊合说一辈子都不能忘。后来，村里出钱帮他翻修房子；清明节后，又帮他搬回新家。

在北苏闸村，党员干部就是乡亲们的“主心骨”。

村“两委”干部轮流全天坐班，在北苏闸已经坚持了 40 多年。村委会大门 24 小时敞开，村民有了急事难事烦心事，随时都能进来。能解决的解决，能代办的代办，办不了的，值班干部就帮着联系办理。

北苏闸村现有 65 名党员。他们就像 65 面旗帜，引领群众在小康路上阔步前行。

村党支部布置工作，从来都是一呼百应。年初疫情防控，安永吉大喇叭里一喊，党员迅速到位，群众紧紧跟上。没有推诿，不谈条件，一切自然而然。

1990年出生的安运生，是安双山的孙子。作为全村最年轻的党员，他立志做爷爷那样的人。他说，要把共产党人的初心使命，当成一辈子的事去干！

1965年1月，账户结余71.57元；2020年12月，账户余额1762687.77元……

——这是一本经济账，“先人一步”创造富裕生活

1965年1月12日，北苏闸村的第一笔账，是集体账户结余71.57元。

“现在村里账上‘趴’着170多万——这变化，谁能想得到！”会计苏秀山翻看账本，感慨万千。

55年的经济发展，源自北苏闸人“先人一步”的理念。

1972年，北苏闸村确定“以副养农”思路，相继建起了28个集体副业摊点。在最好的年景里，全村固定资产达到120多万元，年利润超过40万元。这些收入，有力推动了农业生产。

改革开放之初，北苏闸村鼓励有胆识的村民自己创业，仅橡胶经营户就超过40户。后来，北苏闸人又把眼光放到了更广阔的市场，把生意做到全国各地，创办企业100余家。

1988年，北苏闸在我国北方地区率先发展第一代蔬菜大棚。共产党员何殿华敢想敢试，靠着“人无我有、人有我优、人优我‘鲜’”的诀窍，发了特菜财。种菜种出名堂的何殿华不藏私，无偿把技术教给村民，带出了一批种菜能手。

翻看账本，何殿华大棚占地租金一项写得清楚明白：3 栋棚，一年 3000 元。可熟悉他的乡亲们都说，老何一年能挣 30 万元。

何殿华说，自己能发家，全靠村里搭建了致富平台。

2009 年，村党支部调出最好的地块，建起 100 多亩温室大棚。村里还筹资 70 多万元进行配套建设，为村民种棚创造了良好条件。

目前，全村温室大棚共有 447 栋，村里还种植速生林 1800 亩、优质山楂 1200 亩，实现了“户均一个棚、人均一亩林”。

2019 年 12 月的账本上，人均 17865 元的收入，凸显了这个“衡水市经济发展百强村”的成色。

从发展工副业到兴办民营企业，从率先种植蔬菜到栽种经济林木，北苏闸村总能抓住机遇抢先“一个身位”。

作为全市实施乡村振兴战略的试点，北苏闸村“两委”决定，下一步要把文旅产业放在优先发展位置，为乡亲们开辟新的致富门路。

1968 年 10 月，浆糊一瓶，支出 0.22 元；2014 年 7 月，建闸文化馆，支出 25 万元……

——这是一本民主账，“闸起闸落”见证乡村善治

翻看不同时期的账本，既有 0.22 元买浆糊这样的小账，也有 25 万元建闸文化馆的大额支出。在北苏闸村，只要集体动钱，必须登记在册，张榜公布，全程“曝光”。

1965 年，安双山在一次班子会上提出，要建一道“闸”：完善财务制度，管住收支出入，赢得村民信任。

随后，村级财务集体审批的“四方联签”制度出台：每笔账，必须由经办人、会计、理财小组成员、村主任四方共同签字后，方可入账报销。

这项制度，坚持至今。在今年的安乐秧歌非遗传承基地建设开支中，苏兰福、苏秀山、苏孝民、安永吉四人代表四方签字后，村里才把这笔支出报给镇政府。

该花的钱“提闸”通过，不该花的钱“落闸”关闭。这一习惯，已经渗入北苏闸人的骨髓。

历经数十年积淀，财务制度的“闸理念”，生发出了以“强化规矩意识，守住思想、行为、作风总开关”为本质内涵的“闸文化”。2014 年，北苏闸村“闸文化展览馆”正式落成。

走进展览馆，最显眼处顶天立地的“闸”字柜里，装满了北苏闸村历年的账册、会议记录和文书档案。“闸”字柜下面的四方基石，象征着北苏闸的全体村民。

“基石坚强，才能‘闸’字不倒。”安永吉说，“只有依靠群众，让民做主，北苏闸才能走得更稳更远。”

2011 年 3 月，村东 4 台水泵需要更换。村干部想少花钱多办事。村民苏长青认为，先说用得住，再说钱多少。村民代表开会，选择了价高质优、每台 8700 元的天津甘泉牌深水泵。

2016 年农村面貌改造提升，村里广泛听取群众意见。11 个项目严格走程序，接受群众监督，做成了“阳光工程”“优质工程”。

2017 年，新农合个人缴费标准提高。如果仍由村集体承担个人部分，当年就得需要 20 万元。村民会议最终决定：减轻村里负担，个人应缴费用由个人承担。

村“两委”充分尊重民意，乡村治理水平不断提升——

人人争做主人翁，把村事当成家事；处处循规守矩，依法确定行止；讲责任讲奉献，民心齐村风正……

如今的北苏闸村，自治、法治、德治“三治”融合，全村和和美美的善治氛围已然形成。

1988 年 4 月，买红布、铜锣，支出 43.44 元；2020 年 11 月，建安乐秧歌基地，支出 27800 元……

——这是一本文化账，安乐秧歌“扭”出文化自信

时值一九，天气寒冷。村党支部委员苏兰福带着几名村民，把装裱好的剪纸作品搬进安乐秧歌传承基地展室。盯着惟妙惟肖的安乐秧歌人形剪纸，大家都觉得稀罕。

“福哥，咱这展室花了不少钱吧?”“两万七千八，已经上账啦!”苏兰福抹了一把脑门上的汗，“这两万多，干了不止 30 万的事儿哩!”

有着 300 多年历史的安乐秧歌，是北苏闸群众在生产生活中自创的民间娱乐方式。

上世纪八十年代，苏兰福的父亲苏西仁，重组北苏闸安乐秧歌队，传承创新这门艺术，使其走向全省全国。2009 年，安乐秧歌被列入河北省非物质文化遗产名录。

苏兰福说：“俺爹在世时，花 40 多块钱买红布、铜锣给秧歌队当行头，大家就觉得不错。可走出去以后，才发现了差距。”

事事争先的北苏闸人，开始重视对安乐秧歌的投入：只要市里举办花会表演，村里就派队参加，年年添置新行头。2011 年 2 月，村里还出资 1600 元，选派安双石、刘福才到外地学习取经。

安乐秧歌如何进一步发扬光大?今年 7 月 8 日，北苏闸村党支部决定：建设传承基地，规范舞蹈动作，培养青年骨干，以安乐秧歌为媒，引进更多非遗项目。

不到半年，安乐秧歌传承基地已经成型。秘青亚、刘现辉、

崔鹏举等艺术家，送来价值30多万元、具有安乐秧歌元素的剪纸、雕塑、民俗画，无偿在此展出，吸引了更多游客进村参观。

北苏闸人重视文化，善于在生产生活中归纳总结，赋予了安乐秧歌强大的生命力。

“上到九十九，下到刚会走，人人都会扭一扭。”鼓点一响，乡亲们聚在一起扭上一段，拉近了彼此距离，和谐了邻里关系，激发出了北苏闸人的精气神。

2014年春天，安乐秧歌还“扭”进了高校。在衡水学院音乐学院，安乐秧歌被列为选修课。传承人安双石登台授课，来自天南海北的大学生，把安乐秧歌带到了全国各地。

如今的北苏闸村，以安乐秧歌传承基地为中心，广泛吸纳各种生产要素，积极打造文旅农产业，力争产出更多的社会效益、经济效益。

2011年11月，改水工程，支出1932364.6元；2020年6月，种树机械费，支出13900元……

——这是一本生态账，林环水绕扮靓宜居家园

迎着冬日阳光，出门遛弯的安广春感觉神清气爽：村庄整洁，街道宽阔，树木挺立，屋舍俨然。“住在北苏闸，心里真敞亮！”

2016年，安广春从市区退休回村。他在老宅基上翻盖了三室两厅一厨两卫的新房。“村里环境好，交通还方便，厨房用的是天然气，洗手间里是坐便马桶，比住城里楼房舒服多啦！”

不用看账本，苏秀山就能说出一串见证北苏闸村生态环境改善的数字。“2011年，村里改水支出190多万；今年6月，种树动用机械花了不到一万四……像这样的投入，还有很多很多。”

2012 年，北苏闸村总投资 240 万元的上下水改造工程完成。村民喝上了全天 24 小时供应的自来水。村里铺设了污水管道，各户也接了下水管，绝大多数用上了水冲式厕所。

2013 年，村里投入 350 万元硬化街巷路面，栽种树木花草，实现了三季有花、四季常绿。

2014 年，北苏闸村利用上级 58.3 万元资金，在桃城区率先安装了污水处理设备，实现了污水循环利用。他们顺势把河道、坑塘、沟渠连通，打造出“水网相通、人水相亲”的环村水系。

2016 年，村里投资 6 万元建起 12 个垃圾池，安排专人每天清扫保洁，让环境治理成为常态。

2017 年，北苏闸村在全镇率先完成煤改气，家家户户用上了绿色环保能源。村里每年出资 13750 元，为每户购买了燃气安全险。

……

富起来的北苏闸人，正一步步打造自己的“绿水青山”：在京工作的苏保国，专程回家拆除危房，腾出的宅基被改造成绿地；在衡水居住的安凤恩，为提升村庄面貌，回家将自己沿街的旧房重新翻建；村中心坑塘整治涉及 7 户 15 处建筑，一天之内村民全部自行清除完毕……北苏闸人用实际行动，为打造生态家园贡献着自己的力量。

走进林环水绕的北苏闸，就像走进了一幅美丽的画卷。便利舒适的条件，生态宜居的环境，吸引了在北京、广州、武汉等地生活的北苏闸人返乡定居。

生态账也是发展账，连着子孙后代，通向美好未来。

目前，我市正在推进乡村振兴示范区建设，北苏闸村是全市试点。在今后发展规划上，村“两委”思路清晰：扩大节水山楂种植面积，补栽树苗搞好绿化工程，加快转换利用长江水，积极打造集农业、观光、休闲、体验于一体的田园综合体……

小康路上弦歌不辍，五十五年历久弥新。

“55 年村账，体现了北苏闸党员干部的坚守，展现了广大群众对幸福生活的追求。”邓庄镇党委书记韩新民说，“党的十九届五中全会提出，优先发展农业农村，全面推进乡村振兴。围绕这个目标，北苏闸的村账会一直记下去，北苏闸的动人故事也会一直讲下去！”

（原载 2020 年 12 月 30 日《衡水日报》）

（主创：刘彦成、沈晓燕、张洪宁、常熠、贾冽，该作品获河北新闻奖一等奖）

风雨兼程　共创辉煌

——共和国成立 56 周年之际回首衡水发展变化

56 年，在漫漫的人类历史长河中不过是短暂的一瞬；但对一个国家、一个城市而言，56 年足以开创光荣壮丽的伟业，足以成就永恒的辉煌。

从孱弱、贫寒、满目荒凉的建专之初，到富强、兴盛、奋发有为的 2005，你身后留下了一条风雨艰辛之路，但同时，它又是一条自强不息的奋斗之路。56 年风雨兼程，56 载奋斗不息，衡水啊，我美丽的家乡，你与共和国一起成长，你与共和国一起变迁，你与共和国一同跨越，你与共和国同唱一曲激情飞扬的壮歌！

从 1949 到 2005，衡水 56 年时光的轨迹犹如一部螺旋之梯。

跟随老人的记忆，我们回到了建专之初的衡水：一条由火车站通向城里的小路，碎窑渣铺面，坑坑洼洼，两侧田地里种着的是低产的庄稼；历经沧桑的老石桥无精打采地俯卧在滏阳河上，遍尝风雨的宝云塔突兀地矗立在旧城一角……

衡水专区始建于 1949 年，1952 年撤销。1962 年，为加强对贫困地区的领导，经国务院批准，把原属石家庄和沧州两地区的衡水、冀县、枣强、武邑、深县、武强、饶阳、安平、故城、景县、阜城等 11 个县划归在一起，复建衡水专区。1970 年改称衡水地区。那时的衡水，到处是一片萧条景象：全区 283 万人要吃饭，923 万亩耕地 90%是旱田，五分之一是盐碱地，人们形象地说“春天遍地白茫茫，雨季一片水汪汪”，产量低而不稳。即便在城里，也是晴天一身土，雨天满街泥，不像城，更不像市……据统计，1962 年恢复衡水专区时，全区工农业总产值仅 2 亿元（其中工业 4216 万元，农业 1.58 亿元），粮食总产 8.6 亿斤，农村人均分配 34 元。基本上是“吃粮靠统销，花钱靠救济，生产靠贷款”的“三靠”地区。自 1962 年建专到 1979 年，全区共吃统销粮 23.8 亿斤（纯吃 20 亿斤），平均每年 1.4 亿斤，花救济款 2114 万元，因受各种自然灾害花救灾款 8470 万元。

然而，贫穷捆不住衡水人的手脚，灾难压不垮衡水人的脊梁，和众多坚韧不拔的衡水人民同在的，还有各级领导的亲切关怀和勉励。

1956 年，毛泽东主席接见全国劳动模范、安平南王庄党支部书记王玉坤；

1966 年邢台大地震波及衡水，周恩来总理来到冀县码头李公社慰问灾区人民；

1988 年 6 月 16 日，时任国务院总理的李鹏同志视察衡水，到冀州查看农业生产情况；

1995 年 9 月 26 日，全国人大常委会原委员长万里视察衡水新火车站；

1998 年 5 月 20 日，全国政协原副主席王任重视察景县乡镇企业；

1999 年 3 月 17 日，时任中共中央政治局委员、国务院副总理的温家宝到衡水视察农村工作；

2001 年 11 月，时任中共中央总书记、国家主席的江泽民在衡水与群众亲切交谈；

……

其间，老一辈革命家李先念曾多次来衡水视察农田水利建设和土地治碱情况，并给予衡水很多具体的指导。尤其是在以打井为重点的农田水利建设上，我们取得了巨大的成就，大大改善了生产条件。1970 年，全区有机井 13067 眼，水浇地 275.6 万亩。到了 1978 年，全区各类机井保有量达到 48632 眼，水浇地面积 471 万亩。在各级领导的亲切关怀指导下，衡水的农业生产迅速发展，到 1979 年，全区农业总产值达到 10.4 亿元，比刚建专时的 1962 年增长近 4 倍，从而结束了吃粮、花钱靠国家的历史。改革开放以后，衡水不但从根本上改变了“三靠”局面，而且对国家的贡献也从无到有，越来越大。

斗转星移，岁月如梭，五十六年弹指一挥间。贫穷、落后的衡水早已在全市人民的艰苦奋斗中，呈现出一派欣欣向荣的喜人景象：从“老三件”到“新四样”，从凭票买自行车到轿车进入家庭，从“灰、黄、蓝”到靓丽多彩的衣着，衡水人衣食住行的变化可以用“翻天覆地”来形容。

1962 年建专以来，尤其是 1996 年撤地建市以来，全市人民大力弘扬“艰苦创业、自强不息、开拓创新、团结奋进”的衡水精神，紧紧抓住撤地建市、京九通车和国家实施积极财政政策的机遇，解放思想，加快发展，经济增长速度始终高于全国、全省平均水平，城乡面貌发生了巨大变化。2004 年，全市生产总值实现 473.8 亿元，按可比口径，是建市前 1996 年的 2.5 倍，年均增长 11.9%，人均 GDP 超过 1380 美元，列全省第五位；全部财政收入完成 30 亿元，是 1996 年的 3.3 倍，年均增长 16.2%；建市以来的八年间，累计完成全社会固定资产投资 1192 亿元，是建专到建市 34 年总和的 8.3 倍，年均增速居全省第二；城镇居民人均可支配收入和农民人均纯收入分别达到 7690 元和 3184 元，比 1996 年分别增长 120% 和 59.7%。三次产业比重达到

17：53：30。今年上半年，全市生产总值完成 252.6 亿元，同比增长 14.2%，高于全省 1.7 个百分点；全部财政收入完成 16.1 亿元，增长 29.3%，高于全省 2.3 个百分点；全社会固定资产投资完成 148.5 亿元，增长 30.4%，其中城镇固定资产投资完成 72.2 亿元，增长 36.3%；城市居民人均可支配收入、农民人均现金收入分别达 4307 元和 1598 元，增长 14.4%和 18.7%。

一个个准确的数字，记录着衡水 56 年来艰苦创业、开拓创新的坚定毅力；一组组鲜明的对比，昭示着衡水 56 年来实现跨越式发展的伟大成就。一步步坚定的跨越，彰显着衡水人民 56 年来自强不息、团结奋进的进取精神。忆往昔，看今朝，我们历数衡水人民创造的伟大奇迹：

农业和农村经济取得大发展。衡水是一个农业大市，70%以上的人口在农村。基于这一市情，衡水不断加大支农投入力度，加强农业基础设施建设，提高综合生产能力。围绕培育瘦肉型猪、肉（奶）牛、蔬菜、林果四大主导产业，大力发展农业产业化龙头企业。目前，全市销售收入超千万元的龙头企业已达 89 家，国家级和省级重点龙头企业 27 家，四大主导产业产值占农业总产值的比重达到 65%。同时，依托现有骨干龙头企业，加大了种养结构调整力度，突出抓了肉类加工、林板林纸、小麦玉米和果品蔬菜深加工等配套基地建设。全市目前已形成产业化基地 25 个，带动 50 万农户进入市场。并通过实施“内转外输”战略，一方面推进农村剩余劳动力向二三产业转移，另一方面把劳务输出作为一个产业来抓，通过搭平台、建网络、搞培训、创品牌，促进劳务输出健康发展。目前，全市已有 8 个县市区被京津等地定为劳务输出基地，长年在外务工人员 40 万人。

工业经济发展迅猛。建市以来尤其是近几年来，全市人民认真落实“以工强市”战略，大力发展工业经济。与建专之初一穷二白的工业状况相比，目前，衡水已经形成以化工、机械、建材、轻工、电子、纺织、食品七大行业为支柱，以大中型企业为核心，以民营特色产业为主体，门类较为齐全的工业体系。截至去年，全市工业增加值完成103亿元。尤其近几年民营企业发展迅速。截至目前，全市民营企业已发展到12.3万家，从业人员达到85.8万人。2004年，全市民营经济增加值和上缴税金占全市生产总值和工商税收的比重分别达到85%和82%，成为国民经济的主体力量，在全市经济中形成了“三分天下有其二”的格局。全市工业项目中，有60多项在全国处于领先水平。冀衡集团消毒剂系列产品位居亚洲第一；京华焊管集团是亚洲最大的制管生产企业；饶阳民族乐器产量位居全国第二，仅次于上海；武强西洋乐器全国出口量第一。

特色产业发展势头强劲。全市形成了丝网、玻璃钢、橡塑制品、工艺美术、采暖铸造、皮毛皮革、通信器材、金属橱柜、农产品加工、汽拖配件等十大特色产业，占全市工业经济总量的70%以上，基本形成了一县一业、一县两业、多县一业的格局，涌现出中国丝网产销基地、中国工程橡胶基地、玻璃钢生产基地、裘皮生产基地、采暖铸造生产基地和铁塔之乡等一批在国内外享有盛名的特色产品生产加工制造基地。安平丝网年销售收入70亿元，国内市场占有率达到85%，占全国出口量的80%以上；桃城工程橡胶年销售收入58亿元，占全国市场份额的40%以上；枣强玻璃钢年销售收入达到60亿元，是国内三大玻璃钢生产基地之一；皮毛皮革业年销售收入70亿元，远销40多个国家和地区，枣强大营被誉为“裘都”；冀州采暖铸造业占全国市场的1/8并批量出口，年销售收入达55亿元，春风集团跻身中国企业500强。

城市建设日新月异、区位交通优势日益明显。1996年撤地建市以来，我市不断加大基础设施建设力度，加快推进城市化进程，形成了中心城市、县级市、县城和重点建制镇协调发展的新格局。目前，全市城镇建成区面积达到 206 平方公里，是建市前的 2.2 倍；城市化水平由 1997 年的 15.9%，提高到 32.5%。中心城市建成区面积由建市前的 18 平方公里发展到 40 平方公里，市区人口由不足 20 万增加到 40 万，城市功能不断完善，城市面貌迅速改观，城市辐射带动作用明显增强。衡水位于“两环一线”（环京津、环渤海，京九沿线）的特殊位置，北距京津各 250 公里，西距省会石家庄 120 公里，东距黄骅港、滨州港各 180 公里，既是沿海开放区的腹地，又是内陆开放区的前沿。京九铁路、石德铁路在这里相交，衡水作为京九线京南第一大站，成为河北省境内继石家庄之后的第二大铁路交通枢纽。307、106 国道和石黄、衡榆、衡德高速公路、准备开工的大广高速公路，以及济石太银和京九通信光缆干线都在这里交汇。衡水已经发展成为重要的交通、通信枢纽和新兴的人流、物流、信息流集散中心，被经济学家誉为经济发展的“黄金十字交叉”处。

科技、教育、卫生等事业全面推进。到 2004 年底，全市各类科技人才 74540 人。2000 年至 2004 年，取得市以上科技成果 315 项、专利 853 项，科技成果转化率达到 80%，科技对经济增长的贡献率达到 49%。我市的基础教育在全省处在领先地位，高考升学率连续 8 年居全省第一（每年升入北大、清华就有五六十人）。全市有大中专院校 44 所，其中高校 4 所，在校生达到 48600 人。文化事业不断繁荣。卫生事业不断进步。全市现有各类卫生机构 223 个，三级甲等医院 1 所，综合性二级甲等医院 7 所，中医二级甲等医院 5 所，每万人拥有医生 24.1 人，拥有床位 16.2 个；市和 10 个县级疾病控制中心全部建成。

精神文明建设成效显著。多年来，衡水开展精神文明村户建设和其他多种形式的创建活动，极大地提高了广大人民群众的思想道德素质。特别是近年来，坚持以创建文明生态村活动统揽农村精神文明建设，更加有力地推动了全市精神文明建设。截至2004年底，全市共有200个村达到文明生态村的标准，极大地改变了农村的环境面貌和农民的精神风貌。确定了“基础设施建设、生态环境建设、城市文化建设三位一体同步推进”的思路，极大地促进了文明城市的创建活动。大力实施“育优建”工程，全面加强未成年人思想道德建设。同时，注重加强基层文化建设，大力发展文化产业，努力提高衡水文化品位。近年来，先后被命名为中国内画之乡、年画之乡、工艺美术之乡，侯店毛笔、内画鼻烟壶、宫廷金鱼被誉为“衡水三绝”，在国内外都享有很高声誉。全市涌现出中国冀派内画创始人、内画艺术大师王习三，美术家段秀苍，工艺美术大师张汝财等一批全国知名的优秀人才。青年书法家刘月卯获中国文联“德艺双馨”艺术家称号。站在统筹城乡发展和经济社会发展的高度，我市深入持久地开展了科技、文化、卫生“三下乡”“三扎根”活动。几年来，全市有35000多名农民拿到“绿色证书”，培养了5000多名文艺骨干，组建民间文艺团队2000多支。还充分利用衡水湖这一独特的自然景观和人文景观来提升衡水知名度，在保护开发的基础上，重点挖掘衡水湖的文化内涵，努力把衡水湖打造成衡水的标志性名片。

56年间，我们积累了巨大的物质财富，也形成了巨大的精神财富。让我们翻开彪炳在历史星空的光荣册吧：

从建专初期享誉全国的劳动模范耿长锁、宋新茹、王玉坤，到此后的姚福恒、刘松林、汤培茵，再到建市后的王素芬、王金芳、蔡永旺、武胜利、张群福、吕广政、张韶华，直到我们今天的李希波、康恩、岳锦平、王晓勋等等。他们勤劳、智慧、坚毅、果敢、团结友爱、正气凛然、眼界开阔、朝气蓬勃、善于学习、勇于开拓、公而忘私、舍生忘死、敬业献身、自强不息。他们只是英雄群体的代表，在他们的身旁和身后还有成千上万的知名和不知名的英雄模范。正是有了这样一个队伍，有了这个队伍精神品格的影响，才使我们的家乡发生了如此巨大的变化。

共和国成立的 56 年，是衡水人民为着一个共同目标，上下一心协力奋斗的 56 年，是 415 万衡水人民共同缔造辉煌业绩的 56 年。这个昔日的华北小城正如华北平原上一颗冉冉升起的新星，她按照自己的轨道与速度在运行，并走向一个区域的中心而恒久闪耀……

56 年，在历史的长河中只是短短的一瞬，而在衡水市的发展历史中，这短短的 56 年，岂止是"弹指一挥"？亮点频闪的精神文明建设和物质文明建设双翼齐飞，在我市的历史上树起了一座无形的纪念碑！让我们以衡水 56 年来跨越式发展的实绩，作为 2005 年最真挚的国庆贺礼，献给我们伟大的祖国，伟大的人民！

（原载 2005 年 10 月 1 日《衡水日报》）

激情描绘绚丽画卷　科学发展再踏征程

——衡水经济开发区“十一五”发展综述

岁月从未停止过它稳健的脚步，短短五年，只是一个普通的跨度，但是衡水经济开发区人却用它铺开了一幅波澜壮阔的宏伟画卷。五年来，开发区人高擎科学发展的大旗，精准定位、率先发展；五年来，开发区经济发展的版图逐步细化，一个个发展重点被圈定、在展开；五年来，开发区从默默无闻的“后来者”，跃升为我市对外开放的窗口和经济增长的极点……短短几年时间，衡水经济开发区的各项重要经济指标都实现了大幅跃升。企业总数由 2005 年的 101 家增加到 191 家，入统企业由 8 家增加到 46 家，其中入统工业企业由 5 家增加到 34 家；地区生产总值从 6.4 亿元增加到 50 亿元；固定资产投资从 7.5 亿元增加到 35 亿元；工业总产值从 16.5 亿元增加到 160 亿元；财政收入从 0.5 亿元增加到 8.2 亿元。经过建区 19 年特别是近 5 年的改革发展之路，展现在人们面前的，是一座正在快速崛起的工业新城，是一座“经济发展、科技进步、功能完善、社会文明、环境优美的现代新区”。在科学发展观的指引下，在“九州产业聚集区”建设的推动下，一个更加富有实力、活力、魅力、感召力的新型开发区，正在冀东南大地上铺开绚丽的蓝图与画卷。

实力倍增
个性化招商引得金凤来栖

近年来，在衡水经济开发区始终传递着一个声音：招商引资是开发区的生命线，人人都是招商员。开发区人早就达成了共识：招商引资光坐在办公室里，凭着电话和传真，要让客商来投资，那是纸上谈兵的事情，还是要有针对性、专业地“走出去、请进来”，才能见到一个市场的成效。

多年来，开发区始终把招商作为第一要务不动摇。他们多措并举、突出个性，打好区位、资源、产业、成本四张“特色牌”。在项目选择上，始终瞄准国内外500强等龙头企业，敢于给政策、吃“眼前亏”。项目引进上，强化“争”和“跑”，对看准的项目跟得上、盯得住，以快争商，以细感商，以诚动商，以情融商，以利留商。服务客商上，像对待亲人一样对待客商，主动服务，全程服务。他们强力推进产业链招商、驻点招商、联合招商、以商招商等方式，开创性地实施小团组、多批次“敲门招商”。仅今年，他们就组织小团组招商60多次，吸引40多批次客商来区考察。

记者在开发区采访时，听到了许多感人的故事。每一个企业落户开发区的背后，都有开发区工作人员奔波的身影。他们用跑断腿、磨破嘴的精神推销着开发区的招商项目，用海纳百川的胸怀迎来了八方客商。

然而，干好招商引资工作光凭热情是不够的，还要提高自身专业水平，有针对性地展开招商引资工作。为了提升招商人员的专业化水平，开发区每年都要多次举办各种各样的培训班，围绕开发区的产业、优势等有针对性地学习，不断提高工作的专业性、科学性。他们还经常组织学习产业政策、谈判技巧、谈判礼仪等相关内容，并把所学到的内容应用到工作中去。

这几年，开发区已经由过去的招商引资向招商选资、择资来转变，不断提高招商的层次和水平。目前，开发区已基本形成了以现代化食品加工为主的优势主导产业，以生物医药、新能源、物联网为主的战略性新兴产业，以装备制造业、纺织服装为主的传统优势产业。今年前 10 个月，三大产业完成工业总产值 120 亿元，占全区的 85% 以上。汇源集团、雨润集团、葵花药业、中粮集团、中棉集团、老白干集团、养元智汇公司、汉盛光科等一大批知名企业落户开发区，驻区企业中，国内 500 强企业 4 家、国家级食品龙头企业 6 家，上市公司 5 家。

活力突显

精准定位拉动产业升级

衡水开发区起步晚，面临激烈的竞争。只有知己知彼，才能百战百胜。因此，开发区的开拓者们深入全国开发区进行调研，了解各地的发展模式和方法。同时，他们按照国际经济发展的先进理念，发挥衡水的优势，在开发区这张洁净的白纸上创作最新最美的画卷。

经过十几年的发展，衡水经济开发区找到了一条适合自己的发展道路。

衡水位于华北平原城市群中心位置，距京、津、石三大终端消费市场车程都在 3 小时之内，有着广阔的消费市场，并有 160 万吨水果和 350 万头斯格猪的种植养殖规模。

对接京津，利用得天独厚的产业优势发展食品工业，完善农副产品从初级到高端的加工体系，实现规模扩张和产业聚集，延长产业链条。大力发展食品工业的思路犹如一盏明灯，给开发区人指明了发展的方向，将开发区带入了科学发展的快车道。

为了加快食品工业的发展，他们聘请省工程咨询研究院编制了包括引进项目、招商区域、招商途径、配套政策、环境评价等具体内容的食品产业园产业发展规划，规划了占地面积 10 平方公里的食品产业园，作为开发区第一产业园，力争通过五年努力，建设河北省聚集规模最大、最具竞争力的现代化食品加工基地。

发展食品产业，必须有龙头企业带动。依托果品和生猪产业，开发区大力度招商引资，制定了一系列优惠政策，2009 年汇源、雨润两家国内食品饮料和肉食加工行业的巨头先后落户园区。“目前，我们已经从最初的 2 条生产线增加到 5 条生产线，投资从 2 亿多元增加到 6 亿元，不仅有饮料罐装，还增加了水果加工，每年将消耗 30 万吨水果，使 20 万亩果园成为汇源的果品基地。”汇源集团衡水基地总经理张玉坤说。

利用雨润、汇源、老白干、养元等传统品牌、优势企业的品牌效应，衡水开发区加强了对重点区域食品企业集群的招商，引进与产品关联度高的上下游企业和配套企业，完善农副产品从初级到高端的加工体系，做宽、拉长产业链条。目前，食品产业园内已有国家级食品龙头企业 6 家。中国台湾食品园、日本食品园等 2 个园中园，以及三个知名食品企业的项目也正在洽谈中。

魅力闪现

和谐宜居彰显民生为本

“世上本没有路，走的人多了就成了路。”一座城市的形成也同样，只要能聚集资本和人气，这里就一定会迅速崛起，成为一颗经济新星。如今的开发区，四通八达的道路不断延展，拔地而起的工厂绿意盎然，花园般的住宅小区盛载着居民美丽的未来。在这里，各行各业像向日葵一样，迎着朝阳快乐成长。

开发区成立之初，就按照“建花园式开发区，在花园中建开发区”的要求，对区内道路、单位和居住区进行了绿化、亮化。在全省开展城市面貌三年大变样活动以来，开发区更是以城市面貌三年大变样和建设生态湖城为目标，抽调近百名精干力量专职进行城市建设、基础设施建设和城中村改造。

为了确保城市面貌的焕然一新，开发区管委会还让多名班子成员进入三年大变样工作总指挥部，与这近百名作风硬、能力强、善于做群众工作的骨干共同开展工作。同时，就每一项重点工作和重点任务，他们成立了 7 个分指挥部，领导靠前指挥，部门分片包干，“时间、任务、目标”明确，确保各项工作的扎实开展。在工作上，他们狠抓责任落实和工作进度。在工作中，他们坚持“以心动人、以情感人”的工作方法，争取群众和拆迁单位的理解和支持。他们坚持阳光操作，对涉及群众的每一项政策，都坚持一碗水端平，一把尺子量到底，切实维护好群众的合法权益。

衡水经济开发区是在农村和荒地上建设起来的，为了把村居改造成城镇化的民居，开发区在建设中，既注重打造城市化的亮点、名片，更注重关注民生，加大旧村居拆迁改建迁建力度，以提升居民特别是困难群体的居住条件和生活质量。

三年大变样活动开展以来，开发区启动了西区 4 村的城中村改造和人民路、前进大街、和平路等拆迁拆违工程，累计拆迁 66.69 万平方米，今年拆迁 19.11 万平方米，涉及东团马、杜团马、西团马等城中村。开发区还坚持拆建并举的原则，累计建设面积 18.47 万平方米，今年建设 14.96 万平方米，能够确保 1000 户拆迁户按时入住。按照“异地安置、集中建设、政府引导、市场运作、递次推进”的思路，开发区人全力推进北区 26 个村的新民居建设。目前，北区全部 26 个村新民居的整体规划、空间布局规划和建设性详规已经完成。一期工程 3 栋安置楼正在进行主体施工，其余 20 栋正在打桩。

在今年开展的文明城市和园林城市创建活动中，开发区管委会迅速行动，全面推进城市容貌专项整治。仅仅一个来月，他们就取得了硬化便道 32000 平方米，整理绿地 8000 余平方米，清理杂物废土 600 余立方米，平整地面 5.6 万平方米，全面整治汽车二手市场、宝云街市场、和平路露天市场及汽车销售市场的阶段性成果。

居住环境的改善和配套设施的完善，仅仅是开发区服务民生的一个侧面。5 年来，开发区始终把保障和改善民生作为一切工作的出发点和落脚点，着力解决人民群众最关心、最直接、最现实的利益问题，让人民群众共享改革发展的成果。5 年间，开发区保障民生的信念始终没有变，改善民生的力度一直在加大，“民生”二字，化作老百姓身边的一缕缕温情暖意……

感召力推动

人缘之美取代天缘之和

2010 年 10 月 14 日，衡水汇源两个工厂开业庆典在经济开发区北区隆重举行。典礼上，汇源果汁集团董事长朱新礼在致辞中感慨地说：“汇源是中国和世界的知名品牌，落户衡水乃是天缘之和，人缘之美。”汇源国际集团的董事长之所以这么说，是源于两个“神话”——从 2009 年 12 月 14 日开工建设到今年 6 月 1 日试生产，整个过程只用了短短 5 个半月；其间，在 45 天之内完成了从德国进口生产设备的安装、调试和产品测试，其速度开创了世界之最。5 个半月和 45 天，两个令人振奋的时间数字催生出了“汇源速度”。

开发区作为我市经济增长的重要引擎和招商引资的重要载体，毗邻主城区，拥有衡水所有的发展条件。日前，大广高速的建成通车，极大地缩短了衡水北上北京、南下广州的时空距离，更是为开发区经济的再次腾飞插上了翅膀。但是，开发区人深深地知道，优越的区域位置和便利的交通仅仅是开发区加快发展的先决条件，要想让开发区真正驶上加速发展的快车道，“人缘之美”远比“天缘之和”要重要……

早在开发区建立之初，开发区的拓荒者们就达成了这样的共识：进区企业无论在哪个方面遇到了问题，都是开发区应提供的环境有待改善。因此，开发区的领航者提出：开发区的服务不但要无处不在，而且要时时提升。只有不断发现问题并解决问题，开发区的环境才可以被投资者认可和追逐，开发区也才能成为投资者的沃土！“不让投资者一事为难。”开发区人勇于换位思考，把企业最需要、最急盼解决的事情，作为开发区一切工作的动力，以投资者满意、顺心为最高标准。开发区人的服务不再是等待投资者提出问题，而是主动为投资者着想，以周到、细致和超前的服务，让投资者感觉在开发区是“真实的上帝”。对于投资者，时间价值无限。在开发区人看来，只有真情实感地投入，才能创造出美好未来。在开发区的企业建设过程中，开发区人创造了一个个奇迹，铸就了无数个“汇源速度”。在服务上，开发区实行“一门受理、全程代办”和“一家牵头、协同推进”的部门联动机制。这为和时间赛跑的投资者创造了可观的时间价值。

“用学习提升队伍，用管理建设队伍，用实践锤炼队伍，强化‘一线’观念，向作风要战斗力，向作风要生产力，打造一支专业敬业的招商团队，营造了一个亲商、爱商的招商‘软环境’。”是开发区人打造招商队伍、优化发展环境的一贯理念。他们坚持把干部员工放到项目引建的最前沿，城市拆建的第一线，民生和谐的最基层。“一线”观念提高了服务效率和服务质量。开发区人仅用一天时间，就为雨润集团生猪产业化项目完成了工商注册、机构代码证、国地税登记等手续；还是开发区人积极组织银企对接会议，帮助企业融通资金近亿元……

多年来，开发区人深刻地理解环境的价值，并用服务为环境诠释了深刻的内涵。他们身体力行地实践着人人都是环境的理念，“助你成功、促我繁荣”的现代共赢思想不但已经深入人心，而且成为人们自觉的行动。

纪录是用来创新的。在衡水开发区企业建设的历程中，一项项旧纪录被打破，一项项新纪录诞生。这些纪录，在无声地述说着衡水开发区人的进取历程。

（原载2010年12月29日《衡水日报》）

活力主城气势恢宏　科学发展再立新功

——桃城区“十一五”经济社会发展综述

在奔腾不息的历史长河中，五年不过沧海一粟，然而在桃城区跨越发展的历程中，这五年注定因其闪耀而被永远铭记。五年来，有顺境坦途，也有险滩暗流，更有迎难而上、果断出击的决心、勇气和智慧。桃城区委、区政府始终坚持以科学发展观为统领，带领全区人民坚定不移地走转型跨越之路，保增长、调结构、惠民生，全区经济社会向又好又快发展迈进了一大步。

“十一五”期间，全区社会生产力快速发展，综合实力大幅提升，人民生活明显改善。预计2010年区属GDP完成90亿元，比2005年增长69％；规模以上工业增加值51亿元，比2005年增长102.3％；规模以上工业利税16亿元，比2005年增长149.6％；全社会固定资产投资67.5亿元，比2005年增长93.1％；城镇固定资产投资61.1亿元，比2005年增长158.1％；社会消费品零售额47亿元，比2005年增长121.7％；城市居民人均可支配收入14460元，比2005年增长61.6％；农民人均纯收入5760元，比2005年增长36％。

攀升的数字书写出桃城的实力，不俗的成绩彰显着桃城的胸怀。可以肯定的是，如今的桃城区正沿着做大做强主城区经济的发展方向全速前进，为“十二五”期间桃城实现新的更大的跨越奠定坚实之基。

转变方式　调优结构
实力桃城提升产业活力

以调优产业结构为途径，加快经济转型升级步伐。“十一五”期间，桃城区坚持以科学发展观统领经济社会发展全局，紧紧抓住发展第一要务，坚持以工业发展为主导，大力实施“工业强区”战略，扩充经济总量，壮大企业规模，转变发展方式，调优产业结构，全区经济保持了平稳、快速、协调、健康发展的良好势头。

桃城区委、区政府坚定不移地把项目建设作为工业发展和主城区经济的重头戏，坚持“抓项目、强投入”的总体思路，积极谋划大项目，构建大产业，引入大资本。总投资35.2亿元的中国（衡水）工程橡胶产业制造基地项目、格林铸鑫年产10万吨铸件及零部件加工项目、总投资1.6亿元的牧马生态园开发项目……纷纷在桃城区落地。“十一五”期间，全区共开工500万元以上重点项目398个，比“十五”期间增长40.6%；其中亿元以上项目90个，完成投资153.2亿元……

成绩斐然的项目建设进度，为全区工业实现由量变到质变的飞跃打下了坚实的基础。从过去重速度轻效益到而今速度与效益并重，管理与发展并举，桃城人把准了转型升级的脉络——以三大特色产业为主体，围绕“壮大、聚集、提升”的总体部署，积极引导产业的内部整合和优化升级，增强可持续发展能力，重点培植一批主业突出、实力雄厚、核心竞争力强的大企业、大集团，使其成为引领全区工业发展的第一劲旅。

城郊型特色乡镇培育、项目建设“双百”工程、骨干企业壮大提升、橡胶产业提升四大工程逐一登台；“项目谋划招商月”“项目攻坚年”“产业提升年”同蒂而生，氛围浓厚，一个顺应政策方向、聚集资源要素、整合产业项目、呼应城乡发展的新经济布局开始成型。2009 年 9 月，受金融危机影响较大的化工和金属制品加工两大产业逆势突围，销售收入分别增长 6.7% 和 6.3%；美利达颜料公司研发的“彩色液晶显示器用 ε 型酞菁蓝”项目填补了国内空白；工程橡胶产业拥有国家专利产品 137 项，占全国同行业专利的 70%……

工业要发展，园区做平台。2006 年，倾全区之力打造北方工业基地成为全区新的战略重点。经过“十一五”的蜕变，北方工业基地从最初的蓝图变成了一个步子快、起点高、规模大、气势强的项目聚集地，成为各地客商投资兴业的热土。一翅难飞，双翼同举。2009 年，赵圈循环经济园又被列为河北省循环经济试点园区，桃城区被列为循环经济试点园区，成为全市唯一获此称号的县（市、区）。截至去年 10 月份，两大“承载”宝地共入驻项目 67 个，总投资 153 亿元。

大力发展特色产业，农业成为主城区经济的新亮点。五年来，桃城区委、区政府始终以“农业增效、农民增收”为核心，不断调优农业结构，加快农业产业的规模化、现代化。围绕蔬菜和畜牧养殖两大主导产业，积极发展绿色生态种养，以邓庄农业高新园区、格林生态农业园区为龙头，做大做强一批加工型农业龙头企业、做特做优一批名优产品，着力打造衡水市的“生态菜篮子”和“特色菜厨房”。目前，全区无公害蔬菜种植基地面积已达 2.5 万亩，并先后建立了 10 个农业科技园区，实现了对日本番茄、美国七彩椒等 40 多个新、特、奇、优蔬菜品种的连片开发。以东明蔬菜批发市场为主的衡水市农副产品大世界年交易额已达 10 亿元，成为市区农业发展的龙头。

“十一五”期间，桃城区粮食、棉花、油料产量继续保持增长，畜牧业生产保持稳定的发展态势，特色农业产业得到巩固发展。预计 2010 年，农民人均纯收入将达到 5760 元，比“十五”末期增长 36%。

提升三产服务业规模档次，打造主城区经济新增长极。桃城区是我市唯一的城市型市辖区，市区两级政府同城，拥有衡水市所有的区位优势和交通便利。“十一五”期间，该区调整三产服务业发展策略，增投入、上项目，加速扩张第三产业发展总量。随着新一轮的城市建设方兴未艾，该区三产服务业得到迅猛发展。2009 年，区属服务业实现增加值 23.7 亿元，比 2005 年增长 42.8%，占 GDP 比重达到 30.3%。

总投资 13 亿元的牧马生态庄园项目已完成投资 9500 万元，现正在进行展厅、五星级酒店的建设及庄园道路、大型景观桥的修建和庄园景观造型工作；总投资 1.5 亿元的北方工业基地天然气管网项目已完成投资 1500 万元；总投资 2.37 亿元的恒星体育用品有限公司年产 300 万双运动鞋项目正式签约……一批投资大、市场前景好、后劲足的重大三产项目落户桃城，促进了该区服务业整体水平的不断提升。五年来，共谋划实施 112 个服务业重点项目。仅 2010 年 1—11 月份就有 34 个 500 万元以上项目开工建设，总投资 12.5 亿元。

一个个轰轰烈烈建设的重点项目，给桃城人最直接的感受就是：自己美丽的家乡正发生着日新月异的变化，人们出行方便了，就业的机会增多了，融入市场的距离更短了……琳琅满目的商品，购销两旺的市场，彰显出桃城三产服务业的巨大魅力和活力。如今的桃城区已成为面向全市、辐射全省乃至全国的商贸流通中心。

生态宜居 城乡统筹
魅力桃城尽展绰约风姿

五年日月飞梭，五年沧桑巨变。如今的桃城，路更宽了、楼更高了、灯更亮了、景更美了，城市面貌发生着日新月异的变化，处处焕发出现代化都市的新气象，呈现出靓丽宜居的新画卷。回望五年来桃城区的飞速发展，城市建设带给桃城的不仅是美丽新姿，更带给人们生活工作的便利、舒适与享受。

盘点过去的几年，一份份沉甸甸的城乡记忆历历在目，在经历了城镇面貌三年大变样活动的洗礼后，桃城区犹如破茧重生、振翅欲飞的蝴蝶，实现了一个美丽新城的完美蜕变。三年来，全区累计拆除违章 19.11 万平方米，城中村改造拆迁 184.48 平方米，配合旧居住区改造 85.97 平方米，配合市重点工程拆迁 16.52 平方米，共启动 21 个城中村改造，其中 13 个城中村顺利启动回迁楼建设，6 个村实现回迁入住。新民居建设快速推进，8 个联建点成功启动，完成总投资 7800 万元，预计整合土地 1.8 万亩。

桃城区作为全市的中心区，特殊的地理位置决定了其肩负的特殊使命和重大责任。桃城区委、区政府以“依托城市、服务城市、借市发展”为方针，以“三年城乡大变样、五年再造新桃城”为目标，用更大的决心和力度落实省市三年大变样的战略部署。

拆迁工作作为“大变样”的“开篇之作”，也是城市改造的必然过程。桃城区领导运筹帷幄，分赴九大战区，全部亲临一线坐镇指挥，包战区、包战线，实行分区域、分兵团作战，哪里有困难，就出现在哪里，与普通干部一道，天天“盯”在现场，“长”在一线。从突击周、突击月到“大干五十天，再拆 60 万”，再到“百日会战”，一个个阶段性的攻坚战役，任务不断加大，难度逐级提高，动力层层传递，桃城人始终保持突击战的状态，以超常的工作作风，各项工作推进一鼓作气，势如破竹。西康庄仅用两天就基本丈量完毕，搬迁协议签订率达96%，成为突击战中独树一帜的“西康现象”。青杨树村二期拆迁则创造了一天拆除1.1万平方米的奇迹，这意味着该村一天的拆除面积相当于突击战活动中全市日均拆除面积。速度之快，声势之猛，令人称奇。

拆是手段，建是目的。以拆促建，拆建并重，有目共睹的城建效果让更多的桃城人看到了希望。在刚刚拆完的废墟上，塔吊林立，机器轰鸣，车辆穿梭……在城中村各个施工现场，到处是昼夜加紧施工热火朝天的建设场面，一栋栋崭新的回迁楼拔地而起。昔日低矮破旧、杂乱无序的城中村正在被宜居嘉园、盛世桃城、锦绣东城、金域蓝湾等更加宜居的新型社区所取代，村城不分，城村融合，人居环境明显改善。

与此同时，和群众生活息息相关的居住环境整治也实现了快速推进。桃城区不等不靠，主动出击，圆满完成滏阳河两岸征拆工作，为这个困扰两岸群众多年的“闹心河”画上了完美的句号。

“做城市本质是做产业、做民生、做城乡统筹发展。”桃城区准确把握三年大变样为民惠民的本质，在城乡面貌大变样中实现民生大改善，努力打造一个人与自然和谐并存，物质文明与精神文明同步发展，环境优美、生态良好、社会和谐、安居乐业的魅力新桃城，让广大居民和来区客商尽享新城发展带来的成果。为确保农村新民居建设高标准、高起点推进，桃城区变过去各自规划为统一规划，由区财政出资，聘请省内外有资质、高水平的专业规划设计队伍，对新开工的12个联建点进行了统一规划设计，确保了新民居规划编制的系统性、科学性和可操作性。

“新民居的‘新’，不仅仅体现在建新房上，更体现在农民生活质量有新提高、农村发展方式有新转变、农民自身素质有新提升、农村整体形象有新改善。”桃城区区长韩志刚一再强调。

病有所医　老有所养
和谐桃城彰显民本之风

早在《礼记·大同篇》中就有“老有所终，壮有所用，幼有所长，鳏寡孤独废疾者，皆有所养”的描述，这是几千年来中华民族的大同梦想，更是桃城人多年来的不懈追求。

发展为了人民，发展依靠人民，让全体人民共享发展的成果，是科学发展观的根本要求。五年来，桃城区全力抓好民生保障，采取更加积极有效的措施，改善和提高群众的生活水平，使全区人民共享改革发展成果。

加强社会保险体系建设。继续加大企业职工基本养老保险、失业保险、医疗保险等资金的依法征收和扩面力度，提高社保基金积累率。进一步健全城乡居民最低生活保障制度，提高城镇低保标准，建立和推行城镇居民合作医疗保障制度，完善农村低保制度和五保供养制度。全力推进新型农村合作医疗工作，确保参合率。

随着桃城区经济总量攀上一个又一个新台阶，桃城区的就业规模也在持续扩大。同时，在全区范围内大力开展职业技能培训、创业培训和创业辅导工作，切实提高了下岗失业人员的自主创业能力。

切实抓好节能减排和安全生产工作。严把源头关口，实施重点工程，淘汰落后产能，关停“两高”企业，严格考核问责，确保完成全区“十一五”节能减排任务。严格落实“安全生产责任无缝隙覆盖制度”和“法人代表安全生产承诺制度”，强化企业安全生产主体责任，深入开展安全生产专项整治，杜绝各类重特大安全事故的发生，切实保障人民群众的生命财产安全。

加快科教文卫等各项社会事业发展。教育事业取得了长足发展，义务教育得到巩固提高，高中教育快速发展，职业教育发展成效显著、学前教育进一步普及。“十一五”以来，全区共投资1.4亿元，实施新建改扩建市区学校9所，新增校舍建筑面积9.8万平方米，投资近6000万元新建农村寄宿制小学15所。投资441万元，实施了“新农村卫生新校园建设工程”和“农村中小学取暖设施改造工程”，彻底改变了农村学校破、旧、脏、乱、差的落后面貌。市区中小学、农村中学以及农村完全小学基本配齐了计算机教室、语音室、多媒体教室和校园计算机网络系统，教育信息化水平大幅提升。医疗卫生事业取得了较快发展。“十一五”期间，桃城区卫生基本建设共投入1.92亿元，建设了一批医疗卫生基础设施项目，新增业务用房建筑面积55536万平方米。四院门诊病房综合楼已于2009年7月8日投入运行；二院外科病房楼主体已完工，预计2011年初投入使用；五院综合病房楼工程已于2009年11月25日投入使用，运行良好……同时，社区卫生服务体系日渐完善，2009年，桃城区被省卫生厅、省民政厅、省中医药管理局命名为“河北省社区卫生服务示范区”。市区目前共有22家社区卫生服务机构，4个中心，18个站，街道覆盖率100%。

也许数字是抽象而枯燥的，但它确实记录着进步：2010年，预计城镇居民人均可支配收入可达到14460元，比2005年增长61.6%；农村居民人均纯收入可达5760元，比2005年增长22%。然而毕竟生活是彩色的，它能让我们把总量还原到个体：越来越多的人圆了自己的“轿车梦”；手机几乎成为各个阶层居民的生活必备品。尽管许多城市居民饱受高房价的困扰，但城市人均住房面积在扩大、市民居住环境在改变，也是不争的事实。尽管我们离环境友好型社会差距还甚远，但五年来，桃城区在重点流域水污染防治取得积极进展，为我们争取了越来越好的水环境和越来越多的蓝天白云，也让我们离生态湖城的梦想越来越近。

（原载 2011 年 1 月 5 日《衡水日报》）

我们的事业和春天同行

又是一年春来早，当春风又一次吹拂衡水大地的时候，还没有来得及褪去冬装的人们惊喜地发现，在片片新绿的映衬下，初春的衡水显得分外靓丽。多年来，我市全民义务植树运动开展得轰轰烈烈，一场场绿化战役在这里打响。近年来，我市林业部门以科学发展观为指导，紧紧抓住中央、省两个决定出台的历史机遇，在市委、市政府的统一部署和正确领导下，解放思想、与时俱进，围绕“林业强市、生态大市”建设目标，通过变思路、活机制、壮龙头、给政策、强领导，实施了通道绿化、沙荒地绿化、村屯绿化、速丰林基地建设、农田林网建设五大战役，全市林业建设取得了明显成效。

树绿了，景美了，天蓝了，鸟语花香的日子也愈来愈多了，尤其是满目葱茏的绿色，让人感到无比舒畅。短短几年时间，无论是衡水的居民还是外地的游客都感叹，现在的衡水变得更绿了，更美了。

截至去年年底，全市 6 年间新增造林面积 200 多万亩，有林地面积达到 344 万亩，森林覆盖率提高了 15 个百分点，达到 26%。全市五级公路、主干河渠绿化率超过 95%，沙荒地造林完成率接近 100%，农田林网控制率达 92%，基本形成了以农田林网为主体，四旁绿化为基础，城镇、村庄、通道、河渠为骨架，网、带、片、环相结合的比较完备的平原林业生态体系。造林绿化工作成为全市乃至全省的闪光点。多年来，全国、全省现场会多次在衡水召开，我市的通道绿化、农田林网建设在全省名列前茅，并荣获全国平原绿化先进单位、林业生态建设先进市称号。

年年花相似，衡水绿更浓。在全市跨越式发展的进程中，全市造林绿化工作也实现着提速和跨越。

仅 2008 年一年，全市共完成人工造林合格面积 14.2 万亩，提高林木覆盖率 1 个百分点。其中：新建农田林网 83 万亩、折合造林 3.3 万亩；林棉间作 5 万亩；发展经济林 2.4 万亩，荒地造林及四旁植树 3.5 万亩。农田林网建设继 2007 年之后再次获全省第一名。

建设生态文明是时代赋予林业的新的历史使命，迫切要求林业发挥更大的作用。森林是“地球之肺”，湿地是“地球之肾”，作为衡水生态建设主力军的衡水林业人自始至终严格履行着植树造林、保护湿地等职能。国家级衡水湖湿地和鸟类自然保护区组建完成，填补了衡水无自然保护区的空白。同时，他们积极整合执法力量，建立综合机构，增强执法力度：林木凭证采伐、木材凭证运输、征占用林地审批依法开展、林业案件查处率达到 100%……刚性的制度，人性化的管理，衡水的林木资源管理工作逐渐步入正规化、法制化轨道。

一片片树林，就是一个个“绿色银行”。植树造林除了有良好的生态和社会效益，还具有显著的经济效益。在过去的几年间，市林业部门积极调整结构，产业化建设明显加快。截至 2008 年底，建成苹果、桃、梨、枣、小杂果五大基地，优种面积 90 万亩，无公害产地认证 52 万亩，培育国家和省级品牌 12 个，全市果品生产开始进入品种结构逐步优化、质量效益稳步提高、区域特色日趋明显的新阶段。以深州市社会和个体育苗为带动，面向市场需求，全市苗木花卉发展保持了强劲势头，阔叶、彩色、常绿等高档品种增加到300余个，年均销售额6亿余元，成为农村经济的新增长点。依托林木林地资源，全市林产品加工企业发展到870多家，人造板、造纸年生产能力分别提高到65万立方米和26万吨，果品年加工能力达到3000万公斤，“龙头带基地、基地连农户”和“产、加、销一条龙”的产业化格局初具雏形。同时，各级林业部门积极落实“预防为主，综合治理”方针，林果病虫防治检疫工作控灾减灾能力不断提高，全市年均检疫苗木7.6万亩，检疫木材30多万立方米，果品500多吨，产地检疫率达到98%，调运检疫率达到100%，全市年均病虫害有效防治率达到85%，成灾率降到4‰，确保了有害之年无大灾。

林权制度改革是加快我市林业的跨越发展的重要一环。只有大胆突破制约林业生产力发展的制度性障碍，解放和激活林业生产力，才能真正实现人与森林、人与自然的和谐发展。衡水林业人，着重从群众利益着眼，从市场运作入手，通过创新并推行林业产权机制、经营机制、管理机制和家庭承包机制，形成了多主体参与、多元化投资、多形式建设的造林格局。近几年，全市宜林地有偿流转面积近百万亩，聚集民间资本3.6亿元，造林500亩以上大户达到136家，各种非公有制林业主体占90%以上。各县市区全部编制完成林地保护利用规划，全市共规划林业法定用地155万亩，完成林权证发放8万余份，发证面积147.5万亩，占应发证面积的96.1%。林权定、人心稳，我市林业的发展潜力在制度的维护下被无限地激发出来，形成了生机勃发的大好局面。

从“点”到“线”、从“线”到“面”，从“浅绿”到“深绿”、从“深绿”到“浓郁”，是衡水林业人绿化美化衡水大地的不懈追求。而今，在全市追赶型跨越式发展的进程中，在衡水林业人的坚持努力下，一个“天蓝、水碧、城绿、景美”的绿色家园正向我们走来。

（原载2009年3月12日《衡水日报》）

绿水无弦

——再读六秩墨香中的衡水水事

六十载笔耕记史，一甲子华章流香。

今年，是《衡水日报》创刊60周年。60年来，她见证了衡水前行的每一次跨越，记录着时代变迁的每一个节点。今天，就让我们循着《衡水日报》的一篇篇报道，回顾60年来衡水和水的动人故事。

自诞生之初，衡水这方土地就与水有着“不解之缘”，自古因水而生、因水而兴、因水得名、因水知名。卫—南运河、滏阳河、滏阳新河、滏东排河、清凉江、索泸河—老盐河、江江河自西南向东北，蜿蜒斜穿全境；滹沱河、潴龙河则由西向东横贯市境北部；华北平原第二大淡水湖——衡水湖，如一颗璀璨的蓝宝石，镶嵌在主城区南端……

翻看变黄发脆的旧报纸，一甲子的过往扑面而来：漳水横流的冲刷、万里菏泽的浸泡、战天斗地的慷慨、千方百计地求索、道法自然的和谐……60年墨香之中，衡水与水的故事浩如烟海，衡水人与水的情缘恒久绵长，对水的理解愈发清晰与深刻。

慷慨悲壮的序曲

《衡水日报》和水的缘分，是从1962年9月1日创刊号头版的一篇报道《集体力量战胜涝灾——汪庄大队排除积水保住秋田》开始的。

那时候的衡水，“十年九灾，不旱即涝”。《水经注》载，“衡，横也，言漳水横流也。”历史上黄河曾多次改道流经衡水，漳河、滹沱河、滏阳河也多次汇流于此。地势低洼、河流频经，加之大陆性季风气候特点显著，衡水春季少雨、夏季多雨，故曾洪涝旱碱灾害频繁。但总体来说，水灾年份多于旱灾。

1963 年 8 月，瓢泼大雨在冀中南一带连降七天七夜，巨大的洪水势如猛兽，奔腾咆哮，铺天盖地席卷而来，整个八百里太行连成了一个特大瀑布。作家尧山壁曾撰文回忆：“衡水在冀南腹地，承受着漳卫河、滏阳河两大股洪水的巨大威胁。漫天遍野的洪水呼啸而至，20 华里宽的洪峰把石德铁路一拳掀翻。”8 月 11 日，衡水站最高水位 24.42 米，衡水 11 个县全部受灾，衡水全境一片汪洋。

发电厂被淹，各类通信也都中断。彼时，衡水日报社还在安济桥头旧址，因地势较高没有被淹没。为了与地委取得联系，报社水性好的赵双占、刘全乐、徐向荣、孙文浦等多名同志，先后两次请缨，冒着生命危险泅渡找到当时的衡水地委，并带回了“派船将集结在报社楼上的家属、老幼等人迁送石家庄；腾出房来作地委抗洪指挥部”的决定。

8 月 10 日起，《衡水群众报》（《衡水日报》前身）因水灾暂时停刊。但为了让广大干部群众在抗灾中及时了解国内外大事和党的方针政策，自 8 月 25 日起，出临时版（四开两版），到 9 月 14 日，共出九期。

9 月 17 日，《衡水群众报》（《衡水日报》前身）正式复刊。此后较长一段时间，大量报道衡水各地抗洪救灾经验和英雄模范事迹，号召人们艰苦奋斗、顽强自救的文章见诸报端。《英勇顽强的邮电兵》《在支援生产自救战线上的郑口供销社》《饮水思源奋发自救》等诸多稿件，生动刻画了衡水各行各业灾后重建、顽强自救的动人画面……

半个多世纪的时光流转，冲淡了1963年大水对衡水人造成的伤痛，而1996年8月滹沱河暴发的特大洪水，则深深地烙印在众多当代衡水人的记忆中。

说起“96·8”抗洪，全国防汛抗旱模范徐少钧再次梳理起子牙河流域防洪工程位置图：“衡水境内主要有5条行洪河道和4条排沥河道，河道源短流急，上游水库又多。一旦行洪，各河集中下泄，衡水避无可避。”

衡水撤地建市前夕，滹沱河暴发特大洪水。5条行洪河道同时行洪，10余天时间共经我市泄洪29.75亿立方米；4条排沥河道也同期排沥，江江河、索泸河有的地段还出现漫溢现象，抗洪形势十分严峻。

洪水到来前夕，衡水日报社派出多队记者奔赴一线连续采访报道。《众志成城》《危急关头显本色》等一大批带着水气的稿件被送回报社，一首首荡气回肠的英雄赞歌随着《衡水日报》送到衡水人民手上。经过衡水军民的数日鏖战，滹沱河北大堤守住了。

当年9月，《衡水日报》推出了报告文学作品——《北堤壮歌》，生动描摹了衡水数万军民鏖战50年不遇特大洪水的壮丽画卷——“当最后一抹夜色从长堤上滑落，太阳从波峰浪谷中升起的一瞬间，北大堤上一片沉寂。大堤上的人们，上穿草袋坎肩，下用编织袋裹腿，手持铁锹，就像是披坚执锐、威武异常的秦俑。”“北堤上的每一个人都是英雄，北堤上发生的每一个故事都让人动容。”时隔26年，凭借这篇作品荣获河北省“五个一工程”奖的衡水日报记者李和平回忆起当年采访时的景象仍激动不已。

激情燃烧的战歌

1963年海河流域发生特大洪水后，毛主席发出“一定要根治海河”的号召。为治理海河，一场以河北为主体的大规模群众性治水运动在华北大地展开。

1965年7月1日，河北省根治海河指挥部在沧州正式成立。

1965年7月25日，衡水专区根治海河指挥部成立。

1965年10月15日，衡水8.65万民工参加河北省根治海河工程——黑龙港地区排水工程的施工。

由此，衡水根治海河工程全面铺开。在千军万马战海河的号子声中，日子随着独轮车的车轮转得飞快。

1967年10月9日，在全省根治海河的第三个战役——开挖滏阳新河主槽、加固滹沱河北大堤等工程即将全线展开的时候，河北省根治海河指挥部机关报《海河报》在衡水日报社复刊了。

在新一号《海河报》的报缝里，《海河报》编辑组在《通知》中提到：“暂定每周出版两期。《海河报》的分发，除赠送中央、省、专和出工县后方等有关部门外，海河工地专指挥部十五份，县指挥部十份，每连部两份，民工每十五人左右一份……”

在通信尚不发达的上世纪60年代，这张报纸就是面向海河工地、面向广大治河民兵、民工、工人和连队干部传达党中央指示的重要工具。

在这张特殊时期的临时报纸上，既有民兵上阵比拼、促进生产的消息，也有民工自力更生、勤俭施工的经验，还有文艺爱好者加油鼓劲的文章和诗歌……每一篇都有很强的思想性和战斗性，文字通俗易懂，短小精悍，适合大众阅读。为了号召读者广泛投稿，《海河报》编辑组还特意注明“来稿可以不贴邮票”。

当年11月20日，在根治海河第三战役冬季施工任务获得基本胜利的凯歌声中，连续出版20期的《海河报》休刊了。

我市著名作家、中国作家协会会员傅新友，青年时代经常给《衡水日报》投稿，曾在《海河报》做编辑工作。在1986年6月18日的《衡水日报》刊登的回忆文章中，他曾提到那段日子，“地区文联、《衡水群众报》的许多同志曾给我雪中送炭，热心辅导创作……我被招聘到专区海河指挥部《海河报》做编辑工作，该报负责人、海河工程指挥部负责人又给我极大的帮助，对于这些热心的师长，我感戴不已。”

1980年，大规模治水工程基本完成后，海河流域各水系都有了单独的入海通道，排洪能力比大规模治理前提高了4.34倍，洪水危害得到了初步控制，而干旱在衡水又占了上风。

据水利部门的资料显示：衡水多年平均年降雨量509.7毫米，年蒸发量却高达1209.5毫米。多年平均年水资源量6.13亿立方米，人均占有量只有148立方米，不足河北省人均水平的一半，为全国人均水平的6.7%，为全球人均水平的2%。衡水，是严重的资源性、工程性缺水地区。

上世纪五六十年代以来，上游兴建的水库在充分发挥拦洪蓄水作用的同时，也减少了对衡水的供给。上游的层层截水，加之干旱的气候影响，衡水的用水矛盾日益突出。

作为国家重要的粮食生产基地，衡水每年需调出大量小麦。为了保证粮食的丰产丰收，在地下水源相对丰沛的20世纪六七十年代，没有地表水源、外来水不稳定的衡水开展了大规模的机井建设。多数年份的地下水超采量达到8亿至10亿立方米。受此影响，自1974年开始出现了冀枣衡地下水漏斗区，后已经扩展到衡水全境，并与周边漏斗区相连。

地下水位逐年下降，不仅给农业生产和居民生活带来了严峻考验，还造成了地面沉降，铁路、公路、桥梁等地面建筑物基础下沉、开裂，地下管道等断裂，部分机井报废，河道行洪、排沥能力降低等诸多问题……

2018 年 5 月 4 日，《衡水日报》A2 版刊发的《衡水水不“衡”》一文，记录了当年衡水缺水的窘境。

缺水，这个事关子孙万代的生存课题，就这样摆在了这一代衡水人的面前。

上下求索的旋律

当我们仔细翻看当年的《衡水日报》，不难发现，大搞机井建设是那个年代抗大旱保生产的历史选择。与此伴生的，有大干快上的冒进之举，但衡水人对取水、用水方式的考量和探索也频频见诸报端。

1978 年 12 月 25 日的《衡水日报》，在头版刊发了《李开河公社搞水泥板防渗垄沟的调查》一稿并配发短评，报道了李开河公社破解土垄沟跑水、渗水、占地、盐碱化的做法。在这篇报道的影响下，衡水各地修建防渗垄沟的报道如雨后春笋：《加快水利建设的一条新路》《两种垄沟的对比》《冀县衡水枣强大搞水泥防渗垄沟》《水泥板防渗垄沟有五大好处》……

当年，大部分衡水人的头脑里可能还没有节约用水的观念，但过紧日子、艰苦奋斗的思想让他们见不得千辛万苦抽上来的地下水肆意横流。也许，就是这种朴素的观念，指引着衡水人在节水的道路上不断求索。

20 世纪 80 年代初，衡水开始了利用浅层地下水的尝试。《因地制宜开发利用浅层地下水地委、行署召开机井建设现场会》《我区开发浅层水初见成效》《谈谈利用咸水浇地》等稿件的刊登，为之后 20 年间我市成功探索实验咸淡混交灌溉技术埋下了伏笔。

与咸淡混交灌溉技术同样叫响全国的，还有我们的“一提一补”农业水价机制。

2004年，桃城区被河北省水利厅确定为省级节水型社会建设试点。8月，农业水价改革的序幕在桃城区郑家河沿镇种高村拉开。桃城区在建立水权、水市场的基础上，把水像土地一样分配到户、分水到地。这一做法得到了国家节水办认可，并在全国推广；世界水组织也向100多个国家和地区推广了桃城区的经验。2006年，桃城区在全国首创“提补水价”机制，再一次用价格杠杆激发出农民的节水热情，开创了全国农村水价改革之先河。

对于水利范畴的这项重大革新，《衡水日报》予以高度关注。从2005年12月的二版头条《向分地一样分水到户》，到2007年5月的头版头条《桃城区“提补水价”破解农业节水难题》，再到2007年6月刊登的整版纵深报道《从“分水权”到“新水价”》……《衡水日报》推出了一系列重磅报道。这些报道，将衡水水利系统的首创做法推向了更高舞台。其中，两篇报道获得当年的河北新闻奖，桃城区的农业水价改革模式在全省引发高度关注。

然而，地下水漏斗区的问题，始终是衡水人绕不开的痛！据水利部门的相关数据，2000年至2014年，衡水平水年份深层地下水水位每年下降1.17米、浅层地下水水位每年下降0.77米。多年的地下水超采，已经使衡水成为4万多平方公里华北地下水漏斗区的“锅底”。景县留智庙八里庄一带，严重时地下水埋深曾一度达到120米。

2014年年初，我市被国家确定为地下水超采综合治理试点。自此，“压采”就成了《衡水日报》上的高频词汇。这年5月9日的《衡水日报》头版刊登了衡水市召开地下水超采综合治理试点工作动员大会的消息。会上，市委、市政府主要领导指出，地下水超采治理是关系衡水生存发展的“命脉工程”，要坚决打好这场攻坚战。

在随后的几年间里，衡水人迎难而上，在全国广邀知名专家，结合自身实际制订了“地表水替代地下水、外来水替代本地水、浅层水替代深层水、低耗水作物替代高耗水作物”四个“替代”和“节”“引”“调”“补”“蓄”“管”六项措施的治水方略，正式开启了衡水的压采之路。《冀州今年实现压采地下水 4093 万立方米》《傅水店村 3000 亩果园喝上“滴灌”水》《阜城：废弃坑塘变成集雨蓄水的“聚宝盆”》《邓庄镇：唱好“一提一补”节水戏》《深州：季节性休耕节水又增收》等一系列报道在《衡水日报》连续刊登，在大力宣传农业节水、坑塘蓄水、农村水价改革、季节性休耕等地下水压采经验做法和喜人成绩的同时，更加深了广大市民对压采工作的理解与支持。从关停地下井时的处处为难、事事提防，到看到地表水引入田间地头时的欣喜与感激，三年压采路，让很多水利人和压采区的群众成了朋友。到 2016 年底，地下水压采综合治理让地处华北漏斗区“锅底”的衡水，实现了试点预期目标，累计形成农村地下水压采能力 5.23 亿立方米。

初步的成效更激发了衡水人节水压采的动力。2018 年以来，我市贯彻“节水优先、空间均衡、系统治理、两手发力”的新时期治水思路，坚持“以水定城、以水定地、以水定人、以水定产”的原则要求，切实把实施节水行动上升为全民战略。2021 年 1 月 19 日，《衡水日报》刊登的《我市荣获国家节水型城市称号》一文，让这一喜讯传遍湖城大地。

为了集中展现衡水在治水、管水、用水中探索出的特色之路，在改革开放 40 周年之际，《衡水日报》精心策划了大型系列报道——“衡水说水”。从 2018 年 4 月开始，在 8 个多月的时间里，主创人员走遍衡水各县市区的 20 多个乡镇、60 多个村庄，全方位、多角度、深层次地了解、记录、分析衡水的水，写作初稿与素材近 100 万字。经过字斟句酌、锤炼打磨，总计发稿 23 篇、近 7 万字。这组系列报道，全景展示了改革开放以来衡水之水的发展变迁，更浓墨重彩地描摹了地下水压采、南水北调、农村水源置换等重点工程，并于当年获评河北新闻奖一等奖。

和谐共生的乐章

如果说，压减地下水开采是衡水人为保护水资源，刀刃向内所做的不懈努力，那么外流域调水就是激活衡水人生态梦想的动力源泉。

2014 年以前，衡水的地表水源主要依赖引岗黄、位山线引黄、引卫（引岳）水源，年引调水 5 亿立方米左右。自实施地下水超采综合治理工作以来，衡水加大引调水外来水源，已实现位山线引黄，渠村线引黄，潘庄线引黄，中线引江，东线引江、引卫（引岳）、引岗黄等多条外调水线路。2018 年至 2020 年，我市年引调水总量均保持在 8.5 亿立方米左右，2021 年引调水 13.53 亿立方米，创多年来年水量最高。今年以来，已通过引江、引黄、引卫（引岳）、引岗黄调水和南运河、滹沱河、滏阳河生态补水，共引调外来水 14.99 亿立方米。

在众多的引水线路中，南水北调中线引江工程是毋庸置疑的重头戏。衡水南水北调中线配套工程 2013 年 12 月开工实施、2016 年 10 月建成通水、2017 年 4 月实现江水切换……每一个重要节点，都被报社记者形成文字、定格为照片，将消息传遍湖城大地。

与此同时，新建供水管网向农村不断延伸，连通了南水北调地表水厂和农村水厂。用优质长江水置换深层地下水的“农村水源置换工程”，从根本上解决了阜城、景县、枣强等地水质含氟量高的问题。

《枣强农村在我省率先实现“江水户户通”》一稿在 2019 年 12 月 17 日《衡水日报·晨刊》头版头条位置刊发，报道了枣强全县实现全域农村“江水户户通”，553 个行政村的 42 万人全部喝上了长江水的消息。文中关于长江水圆了全村（张秀屯镇张秀屯村）老少的“甜水梦”，让老支书高四东心里乐开了花的描写让人难以忘怀。

随后，景县、武邑县、滨湖新区陆续实现农村生活水源置换全覆盖的报道也相继刊发。2021 年 7 月 22 日，《我市全域实现江水村村通》一文，报道了全市 332.21 万农村人口全部纳入生活水源置换范畴的好消息……

“外流域调水是让地下水‘休养生息’，让地表径流和水系恢复活力的最直接、最有效的手段。”衡水市水利局局长侯玉东表示，“外水”之于衡水，不仅仅是缓解大地之“渴”、让衡水百姓“喝”上洁净水，更是带来了生态环境的迭变。

盛夏的衡水湖，早已是鸟的天堂。“鸟类是最有灵性的，它们知道哪儿生态环境好。”衡水湖国家级自然保护区工作人员张余广介绍说，衡水湖是全省十大秀美河湖之一，水质已由过去局部劣Ⅴ类达到总体Ⅲ类，空气中负氧离子含量达到 4600 个/立方厘米，鸟类种类也从 2000 年记录的 283 种增至 328 种……

2020 年 12 月 3 日《衡水日报》刊发消息《三万余鸟儿乐享衡水湖新生活》，记载了当年秋冬季抵衡候鸟数量创近年同期新高、新增 3 种国家级保护或内陆罕见鸟类在衡水湖歇脚觅食或休闲过冬的盛况。文中提到，“近年来，我市全部取缔 1.38 万亩网箱、拦网，完成湖心村搬迁，在湖区周边两公里区域内打造 10

万亩生态林……”

数年间人退鸟进，这片拥有 75 平方公里水域面积、近千种动植物的湖区成了万鸟“乐园”……

“十八大报告提出必须树立‘尊重自然、顺应自然、保护自然的生态文明理念’，全新诠释了生态文明的内涵。同样，水生态文明理念提倡的文明也是人与自然和谐相处的文明。”侯玉东表示，我们要坚持以人为本、全面、协调、可持续的发展理念，使人和水的关系达到和谐的状态，让宝贵有限的水资源为经济社会可持续发展提供久远的支撑。

绿水青山就是金山银山。当前，正在积极建设中的冲击国家 5A 级旅游景区的衡水湖诸多项目都是秉承这样的理念。《衡水日报》创办专栏、专版对景区建设情况进行了全方位的报道：游客中心整体建筑及配套设施建设严守绿色生态环保理念，将把停车场打造成为“会呼吸的停车场”；“环湖绿道慢行系统工程”重塑人地关系，回归本真情怀……

今年 4 月 28 日，废弃百年的京杭大运河再度全线通水。为了探寻运河背后的故事，近日，《衡水日报》采访小分队来到了位于故城县郑口镇的“运河第一湾”。

“运河第一湾”是京杭大运河流经郑口镇时，出现的一处长约 2.5 公里、接近 180 度的大拐弯。这里有着丰富的物质文化遗产和非物质文化遗产。“这个大拐弯是运河上的背风港，是理想的泊船之地。这里就像大运河这条‘水上高速公路’上的一个‘大型停车场’。航运时期，郑口码头最多能同时停泊日装卸量三四十吨的船 50 多只。”故城县文物管理所所长姜玉岭介绍说，这也为郑口镇从普通村镇发展为运河商贸重镇提供了必要条件……

听着百年前舟楫往来的故事与河床冲刷的声音，我们仿佛看到，如大运河水一般悠悠流淌、延续千年的衡水人，正在这片壮美的热土上，唱响振奋人心的新乐章……

记者手记：

穿流市区的滏阳河是衡水的“母亲河”，见证了城市的发展变迁；过境故景阜三县、有着2500多年历史的京杭大运河，凝结了先人适应自然、改造自然、与自然和谐共处的智慧，承载着中华文脉；历史上曾被称为“小黄河”、流经安平饶阳的滹沱河，孕育了“两个第一”的历史丰碑，红色精神永远激励着衡水儿女奋勇向前；黄河故道千顷洼，早已变身“京津冀最美湿地”衡水湖，将生态湿地、鸟的天堂带到人间……

一篇文章不能尽述衡水与水的故事，但在一张张旧报纸的翻阅中，我们却读出了“衡水的水”的分量与内涵。

衡水的水，镌刻着根治海河、抗洪救灾的壮烈故事，荡漾着通衢问津、遍地行船的美好回忆，彰显着新时代保护发展地表水、综合治理地下水、建设生态衡水的战略之举，更孕育了宝贵的革命精神、战斗精神和改革创新精神。世世代代生存繁衍在这片热土上的衡水儿女，在与水的相生相伴中，领悟着水所蕴藏的智慧与哲思，探索着人与水和谐相处的路径与方式，奠定了这座城市水文化的深邃内涵。

每一片水域，都有它的故事；每一条河流，都有它的诉说。让我们沿着老记者的足迹继续上路，秉承新闻专业精神，记录身边点滴变化，用自己的观察与思考，书写奋斗路上的动人故事，感受记者职业的可贵荣光。

（原载2022年7月15日《衡水日报》，此作品为纪念《衡水日报》创刊60周年精品稿件）

打通基层信息服务“最后一公里”
助推党的声音“飞入寻常百姓家”

衡水市首家县级融媒体中心挂牌成立

9月5日上午，我市首家县级融媒体中心在武强县正式挂牌。这是省内首家按照中宣部确定的改革模式正式挂牌运营的县级融媒体中心，是我市贯彻落实习近平总书记在全国宣传思想工作会议上提出的“扎实抓好县级融媒体中心建设，更好引导群众、服务群众”讲话精神的重要举措，标志着我市县级融媒体改革工作进入新阶段。

作为国家级贫困县，武强县此前处于传统媒体和新媒体合而不融、各自为战的状态。今年3月份，中宣部常务副部长王晓晖到武强县调研基层宣传思想文化工作，对县级融媒体改革提出了希望和要求。市委常委会、市委全面深化改革领导小组会议多次研究部署市县融媒体改革工作，出台了一系列规范性文件。市委书记王景武、市长吕志成等市领导靠前指挥调度，市委常委、宣传部部长马福华多次深入调研，省委宣传部积极指导，市委宣传部强力推进，市委组织部、市编委办大力支持，武强县与桃城区、冀州区、武邑县、饶阳县、阜城县一同被列为我市县级融媒体改革试点。

武强县积极吸收借鉴中央新闻单位和先进地区的经验做法，结合本地实际确定方向，成立了由县委书记、县长任双组长的融媒体改革工作领导小组，制订出台了一系列工作方案。他们通过重新搭建组织框架，以综合型、服务性为主打，嵌入“智慧城市”相关功能，建设适合县级融媒体需求的个性化管理和应用平台系统，逐步实现从覆盖优势向受众优势、从媒体优势向平台优势、从单一传播向多功能服务的转变。

武强县以长城新媒体集团中央厨房的技术研发、平台传播优势为支撑，以县广播电视台为主体，整合县域内各类传播资源，着力打造集新闻宣传、政务服务、民生服务、引领育人等功能于一体的全新媒体平台。他们通过融媒体 APP，把电视、广播、政务新媒体全部融合，打造统一对外移动端出口，新闻的策、采、编、发全部在线完成，实现了“一次采集、多种生成、多元分发”，大大提升了新闻采编效率和信息服务效果。

武强县融媒体中心在占领舆论阵地的同时，拓展“两个服务”职能，成为服务党政机关的“政务服务”平台、方便百姓生活的“民生服务”平台。智慧政务、智慧党建、智慧教育、智慧医疗以及吃住行等服务领域板块正在建设，2019 年民生服务板块将全面上线，多渠道拓展和多业态运营即将实现。

武强县融媒体中心的成功实践，为国家级贫困县融媒体中心建设探索出一条有效路径，打通了基层宣传“最后一公里”，将有力助推党的声音“飞入寻常百姓家”。

（原载 2018 年 9 月 6 日《衡水日报》，与韩雪、房贞合作，获第三十五届河北新闻奖二等奖）

“双金”衡马 让世界聚焦湖城

2021 年 10 月 17 日，因一场长跑，世界再次聚焦湖城。

衡水湖的鸟儿都清楚，每年的这个时候，都有数以万计的人们来到湖边，听它们“歌唱”，和它们一起“飞翔”。

十个年头，421.95 公里，来自全世界 20 多个国家和地区的数十万名跑者，都曾到这里，用脚步丈量美景，用奔跑致敬梦想。

十年的时光，衡水也从一座名不见经传的小城，成长为扬名世界的赛场。这场举世瞩目的长跑，所有关心和热爱它的人们都亲切地称之为“衡马”。

身披“双金”战甲，青春之城领跑国际赛会

今年的衡马可谓热闹非凡。起跑前，马拉松广场上锣鼓喧天，数百个红色灯笼在蓝色苍穹的映衬下随风摇动，LED 大屏上播放着全国各地赛事组委会和各大跑团的祝福视频。

早上 7 时许，衡水湖畔的主赛场起点处，早已人头攒动。选手们伴随着动感的音乐，伸展四肢、活动筋骨，忙着做热身运动，蓄势待发。人群中，“衡水，我们来了！马拉松赛，加油！”呼喊声不时响起，大家激情四射。

奥运冠军李冰洁、张一璠，世界冠军张杰也受邀前来为衡马助力。“希望大家跑出健康、跑出快乐，赛出风格、赛出风采。”……

一句句为选手们助威的话语，将现场气氛推向高潮。

站在衡马赛道上，“十周年”是这场盛大“庆典”的关键词。

今年是衡水湖马拉松赛第十次举办，十年荣誉跑者福利、十周年纪念品以及“十年衡马，初心永衡”主题摄影展等一系列配套活动的组织开展，无不展现出这场城市马拉松的底蕴，更体现了本届赛事的非凡。

“十周年”的“含金量”不仅浓缩在欢庆氛围里，更重要的是融入赛事的运营和服务中，真正让参赛者的体验感受上一个台阶。

本届赛事在多项赛事服务中都进行了“升级”。首先是竞赛组织方面，全程及半程马拉松选手按成绩分区起跑，并在各分区前加设计时毯；赛道增设喷淋设备，创造 PB 条件；服务于参赛者的公交车达 301 辆，志愿者有 2000 多名。

其次是赛事的补给服务。本届赛事在全程 15 公里、22.5 公里、25 公里、27.5 公里、32.5 公里、35 公里、37.5 公里和半程 17.5 公里共设置 8 个补给点，并在马拉松广场功能区准备了 1 万份补给包。

最后，赛事的人性化服务也更加丰富。赛事主会场区域增设多个咨询台、引导服务区；组委会为所有跑者提供号码布塑封、奖牌刻字服务等。

在本届衡马赛场上，随处点缀着十年来的衡马记忆、难忘瞬间。跑者对赛事的坚持与热爱得以清晰呈现，赛事发展的完整脉络展现在跑者面前。

2012 年破土新生，首次办赛即脱颖而出，被中国田径协会评为“银牌赛事”；2013 年更进一步，获得中国田协“金牌赛事”称号；2014 年，开始承办全国马拉松锦标赛，成为全国马拉松锦标赛 5 个重要分站赛的其中之一，获评中国体育旅游精品赛事；2017 年开始成为世界田径标牌赛事一员，被评为世界田径“铜标”赛事；2018 年，获评世界田径“银标”赛事，在世界田径 2018 年度世界城市马拉松赛事排名中列全国第二；2019 年，获评世界田径“金标”赛事，成为国内第九场和河北地区唯一一场“双金赛事”。

国际田联标牌赛事是世界各国赛事标准的风向标。对办赛城市而言，进入国际田联标牌赛事体系，是对马拉松赛事标准、水平、国际化的认可。衡马收获“双金”，说明衡水这座城市在开放性、创新性和国际化的程度上走在了国内前列。

随着中国体育产业蓬勃发展，马拉松赛事成为助推全民健康、旅游消费、经济增长、城市发展的重要抓手。如今的“衡马”已经成长为国内最具特色与吸引力的马拉松赛事之一。回顾过去，衡马从一场单纯的马拉松赛事，发展成为衡水市一张崭新的城市名片，收获来自五湖四海热爱衡马的跑者。如今，在衡马的赛道外，衡水这座更具吸引力的城市正向八方宾客敞开大门。

共赴十年之约，衡马赋能青春活力之城

一场城市马拉松，尤其是 IP 化的大型城市马拉松，是赛事与城市的“合谋”。在办赛十周年的今天，衡水这座城市是如何滋养衡马赛事的？或者说，衡马赛事在哪些方面反哺城市发展？

衡水，取自“水路通达，风水衡存”，大禹治水划天下为九州，现衡水所辖冀州为九州之首，涌现出了董仲舒、孔颖达、高适、孙犁等知名人物。过去一提到衡水，大家心中的印象往往只是“老白干”和衡水中学，对城市缺乏深入了解，而现在，“生态宜居”成为了解衡水的一大关键词。

衡水湖国家级湿地和鸟类自然保护区，是河北省内唯一的湖泊湿地类型的国家级自然保护区，水域、草甸、沼泽、滩涂等天然生态环境，吸引着北温带野生动植物聚集和南北候鸟在这里栖息，被誉为“东亚的一颗蓝宝石”。

为了走出一条平原地区发展旅游业的衡水新路，衡水围绕衡水湖生态旅游资源，统筹湖城一体化高质量发展，打造中国最美湖城，编制了《衡水湖环湖绿化规划及重点片区景观概念设计》，并制订了《环衡水湖绿化工作方案》，以期将衡水湖打造成为“城市会客厅”。

“会客厅”搭好了，“客”从何而来？以环湖跑为特色的衡马成为“破局”的关键。

赛事是城市展示自身的窗口，但衡马还不仅是将衡水的美“传出去”，在另一方面也实实在在地帮助衡水提升城市品质、美化城市形象。

在马拉松赛事的影响下，近年来衡水的基础设施建设进一步加快，城市在市容市貌建设上的投入也显著增多。从高空俯瞰整个湖城，一座座拔地而起的建筑不断刷新衡水高度，四通八达的道路让市民出行更加便捷，不断完善的公共设施提升了城市品位。

而这些软实力的提升，最终目的还在于实现城市的产业升级。每一届衡马带来的参赛选手，都给衡水的旅游、餐饮、住宿、商贸、文化等第三产业带来了巨大的“井喷效应”。其好处除了产业收入的“真金白银”外，还倒逼城市提升政府公共服务能力、城市建设和管理水平。城市接待能力的提升，对促进衡水调整产业结构、扩大对外开放水平、实现经济社会更加健康发展都有积极意义。

赛事的巨大影响力会推高市民的锻炼积极性，助力全民健身。衡马对于城市体育氛围的营造可谓功不可没。而另一方面，衡马也在反哺城市体育公共服务体系的完善，促进城市体育事业迭代升级。

结合“双创双服”活动和20项民心工程，衡水市近年来全面推进全民健身设施建设。2019年以来先后投入资金1500余万元，完成农村、社区健身工程的全覆盖。目前，衡水共有各级各类体育场地10744块，总面积908万平方米，人均体育场地面积约为2.15平方米。

同时，衡水还在为大型体育场馆向社会开放创造条件。2020年，衡水为奥体中心、市体育馆申请免费或低收费补助资金200余万元。目前，衡水市公共体育设施已全部面向群众开放。

在衡马的带动下，衡水的城市体育赛事体系也日趋完善。除衡马外，衡水近年来还打造了航空运动嘉年华暨全国动力伞精英赛、中国马术节系列赛事、第十三届“衡水杯”景州全国业余围棋公开赛、京津冀运动休闲季、衡水市冰雪运动会、消夏体育彩色周末等大型体育赛事活动。各县市区立足本地实际，广泛开展全民健身活动，打造了多项地方特色的品牌赛事活动，形成了“一县一品牌、一县一活动”的新局面。

截至目前，衡水共有体育协会、体育类民办非企业单位197家。在此背景下，衡水进一步鼓励社会力量办体育。今年7月，亿城公司投资800万元建成衡水首座室外国际标准轮滑场。同时，乐盛集团投资建设了800平方米的真冰滑冰馆，松瑞地产投资建设了300平方米的室外真冰滑冰场。

虽然，疫情因素对体育事业的发展有所影响，但是随着北京冬奥会的日益临近，我国体育事业的发展必将再次加速。在这样的形势之下，迎来十岁“生日”的衡马显然更具意义。而在衡马背后，一座更具活力的运动之城正破土而出。

十年筑梦初心不改，再聚首方显实力不凡

衡水湖马拉松赛今年已步入赛事的第十个年头。衡马以其专业的竞赛组织、贴心的赛事服务、优美的赛道环境、优异的赛事成绩、全民的热情参与，获得了社会各界的高度认可，积淀了丰富宝贵的办赛经验，打造了良好的赛事口碑。

自创办以来，衡水湖马拉松赛借助衡水湖国家级湿地和鸟类自然保护区的生态优势，在赛道规划时，将主要赛道围绕风光秀丽的衡水湖畔而设，充分展现了衡水湖碧波荡漾、景色怡人的秀美风光，打造了一场以“绿色马拉松，大美衡水湖”为主题、特色鲜明的马拉松赛事。

今年，赛事组委会在做好竞赛组织工作的同时，通过举办一系列丰富多彩的活动，不断丰富赛事的文化内涵，将赛事逐渐打造成“体育的盛会，城市的节日”。

倡导公益环保，传递绿色未来。赛前，组委会结合“世界无车日”和衡水湖创建国家5A级旅游景区的契机，倡议市民“绿色出行、爱护环境”。比赛现场，一支由环保跑者组成的“让爱飞翔”环保方阵出现在健康跑的参赛队列中。他们在参加比赛的同时，身体力行地践行了公益理念，宣传环保知识。而设置在比赛起点的“让爱飞翔”心愿墙，更是吸引了不少选手驻足，选手们纷纷在便利贴上写下自己的护鸟心愿。同时，今天的衡马赛事现场也继续着往年“无烟衡马”的优良传统，由志愿者协助进行赛事现场无烟环境的维护。

打通“线上”与“线下”的边界，创新衡马参与方式。除了衡马正赛，组委会还在赛事筹备期举办了“衡马之星”、十年衡马城市巡展照片征集、线上知识问答、衡马线上赛等配套活动。用这样一种“线上”与“线下”相互连接的方式，让更多关心衡

马、热爱衡马的人，都能参与到十年衡马中来。

防疫防控科学精准，暖心温情服务一路相伴。在疫情常态化的背景之下，疫情防控对于衡水湖马拉松赛来说，是各项工作的重中之重。组委会在确保赛事安全有序的前提下，仅接受全国范围内来自低风险地区，并且符合赛事防疫要求的选手报名参赛，若赛前选手所在地由低风险上升为中、高风险，组委会将对其进行劝退并退还报名费，同时保留其参赛资格至 2022 年。在进入领物现场前，选手需在智能人卡一体机上刷身份证，在完成查验健康码、出示通信大数据行程卡、测量体温、提供 3 日内核酸检测纸质报告单后方可进入领物现场。在领物时，工作人员将为选手佩戴防疫手环，选手还须签订疫情防控承诺书。在整个领物过程中，选手需全程佩戴口罩。这一系列科学、精准、有效的疫情防控措施，不仅得到了参赛选手的理解与配合，也确保了赛事的安全有序和精彩圆满。

在医疗保障方面，组委会引入马拉松智能安全急救系统，通过数字化监控赛事整体安全进展，对紧急情况进行智能预警和联动处置，大大提升了赛事保障效率。同时，组委会在赛道沿途设立了多个医疗点，并配备有 AED、急救车等多项专业医疗设施，医疗救援人员、医疗志愿者和不同配速段的急救跑者将陪伴在参赛选手身边，保证紧急情况发生后在第一时间进行救护治疗，确保赛事安全。

在志愿服务方面，组委会共招募了 2100 名志愿者，他们在赛前博览会、比赛现场的起终点区和赛道沿线，进行分发物资、存取物资、维持安全秩序、现场引导、协助裁判等工作，为参赛选手提供贴心服务。

在终点完赛区，组委会延续了往届赛事的冰敷、放松拉伸等经典服务，帮助选手从完赛后的疲惫状态中迅速恢复。同时，衡马在前9年的办赛基础上，补充了更多、更实用的参赛物资，增加了更多现场服务，进一步提升了选手的参赛体验。

十年的坚守，不忘初心；十年的探索，砥砺前行；十年的积淀，展望未来。当“京津冀协同发展”的蓝图缓缓展开，衡水，这座蓝绿交织的生态湖城，挑战与机遇并存，每一次衡马收获的荣誉，都是对这座城市发展的见证。站在下一个十年的起点，衡水湖马拉松赛将致力于提升赛事品质、完善赛事服务、弘扬本地文化、拓展国际影响力，为“六个新衡水”建设贡献一份来自赛事的力量。

（原载2021年12月《衡水湖》第16期）

勇立潮头唱大风

——故城建国镇经济发展扫描

在衡水市的最南端，在悠悠流淌了近 2000 年的京杭大运河西岸，故城县建国镇犹如一颗明珠愈加散发着耀眼的光芒。从默默无闻的边远小镇，到在全市 114 个乡镇排名第 11 位的“运河明珠”，建国人不等不靠，始终坚持解放思想、创新实干，在建国这片生机勃发的热土上，用智慧和汗水谱写了一曲曲新时代的大风歌。

作为全省“改革发展重点镇”，去年，建国镇党委、政府深入实施“工业立镇、农业强镇、商贸兴镇”三大主体战略，积极克服资金、土地等制约因素，让小城镇建设日新月异；大力培植合金、棉花、粮食三个主导产业，使工业经济增势强劲；强力建设韭菜、时速菜、大蒜“三个万亩”蔬菜基地，使特色农业规模持续扩张。

工业牵动　强筋壮骨

工业兴则镇兴，工业强则镇强。建国镇党委、政府把做大做强镇内工业作为壮大经济总量、增强财政收入、实现富民强镇的关键和核心。

“项目是投资和发展的载体，是经济社会发展的‘助推器’。加快区域经济发展，主要靠项目拉动。”建国镇党委书记温建国如是说。为此，建国镇紧盯项目建设，通过膨胀主导行业，使全镇的工业经济增势强劲。去年，建国镇完成固定资产投资5600万元；全年投资800万元以上的新建、续建项目达到13个。12家骨干企业实力凸显，全年纳税达到1030万元，占全镇税收总额的60%，其中纳税超百万元的企业达到2家。

为了狠抓项目质量、转变落后的投入方式，建国镇细化了《建国镇关于进一步发展工业经济的促进办法》，落实了班子成员包企业责任制，从项目洽谈、论证、引进、建设、运营都有专职人员服务和把关，将全镇主要力量和资源向项目倾斜，帮项目单位克服了前进中的诸多问题，杜绝了劣质项目进镇，基本实现了项目总量扩大和质量优化，使骨干企业对经济发展的拉动作用更加突出。去年以来，13个800万元在建、续建项目相继投产，有力地增强了全镇经济发展后劲，为镇域经济快速发展打下了坚实基础。

城建推动 商贾云集

“招商引资是发展区域经济、做大工业蛋糕的重要手段，完善的小城镇功能会增强招商引资的吸引力和承载力，能促进招商引资工作深入开展。二者的有机结合，势必会极大促进经济增长的快速优化。”温建国将城镇建设圈定在招商引资、大发展、大流通的概念之内。

建国镇东与山东省隔京杭大运河相望，南与号称“北方小温州”的清河县接壤，距京、津及石家庄、济南均不足180公里。全长3公里的建国运河大桥飞架运河两岸，是连接冀东南、鲁西北的关键交通节点。明显的区位优势，让建国镇自古就有“小天津卫”之称。

为更好地发挥自身的商贸物流优势，建国镇坚持把小城镇建设作为增强经济发展后劲、打造冀东南运河明珠的支撑点。他们克服思想、土地、资金等各种制约因素，按照“2007年做起点、2008年建重点、2009年成亮点、三年大变样”的建设思路，高站位规划城建总体布局，高标准搭建城镇道路骨架，高质量建成宜商宜居社区。

去年，建国镇结合新运河大桥定位，投资60多万元，聘请省信达城乡规划设计院对《镇区建设总体规划》重新修编，新增加了《城镇建设消防规划》。按照县委、县政府“1＋4”城镇建设要求，把建国镇的规划目标定位于建设冀东南的商贸重镇、经济强镇、宜居城镇。去年，建国镇立足于“大拆迁、大项目、大发展”，通过落实班子成员分包责任制，共拆迁房屋420间、近万平方米，置换建设用地70多亩。重点实施了“五路一小区两市场一广场”等九大重点项目的建设。长1000米的建国大道拓宽12米，完成硬化、绿化和亮化工程；长1900米的顺水大道、460米的和平路、700米的民主街全部完成二步灰土，2009年完成油面铺设。总建筑面积14500平方米的安康小区全部完工，已有50多户居民搬入新居。总建筑面积1.87万平方米的明珠市场、运河商城全部完工，已有商户陆续入住。随着城建框架向北拉伸，建国镇作为区域内商贸重镇的地位更加突出。

特色带动　富民强镇

农业是国民经济的基础，更是建国镇经济的基础。基于这样的认识，建国镇用工业化理念经营和发展农业，积极推进农产品的区域化布局、专业化生产和社会化服务，全面提高农产品的市场竞争力。

建国镇是一个农业大镇，共有58个村，其农业人口4.2万人，耕地5.8万亩。2006年以来，建国镇在政府引导、农民自愿的基础上，强化服务，着力规范，积极引导，以推动土地流转、促进土地规模利用为切入点，极大地调动了农民生产的积极性。经过了三年的积极探索，建国镇最终确定了以出租为主、多种流转方式并存的流转模式。目前，全镇土地流转面积 2.7 万多亩，占总耕地面积的 50%；解放农村劳动力 2.8 万余人，促进了全镇特色规模种植、农产品经营加工和农村劳务输出的蓬勃发展，推动了农业规模经营和现代农业发展。

建国镇通过效益对比和政策扶持，确定了“两线三链四片”的蔬菜发展格局，即以要庄路、三八路为线，以韭菜、时速菜、大蒜为特色产业链，以南臧庄、罗马庄、姜圈、曹口四个专业村为片，以拱棚韭菜为调整重点。去年新增 700 亩，使全镇的韭菜种植面积突破万亩，目前建国镇已成为我市面积最大的韭菜生产基地。以姜圈为基地的“时速菜”面积已突破 6000 亩，蔬菜交易市场日益火爆；以曹口为基地的大蒜面积已超过 1.2 万亩。同时，姜圈、南陈庄两村在原有协会的基础上成立了专业合作社，进一步对入社农户做统一要求、统一品种、统一管理、统一品牌、统一销售，进而使农民收入的增加更有保障。

回首 2008 年，珍视成果，铭记历程，建国人用汗水书写乘风破浪的豪情；展望 2009 年，目标坚定，信心满怀，建国人靠智慧铸造勇立潮头的辉煌。

（原载 2009 年 4 月 23 日《衡水日报》）

第三章 行业见闻

开全国农业水价改革之先河

——“衡水说水”系列报道之一

“看，这是我们上月底到北京参加全国农业水价综合改革研讨会时的场面。”7 月 23 日，枣强县水务局水政监察大队大队长尹东哲指着一张照片难掩激动之情，“能代表河北参会，并就‘一提一补’农业水价改革经验作典型发言，是我的荣幸!”

时隔十余年，由桃城首创、在全市推广、经枣强提升的“一提一补”农业水价改革模式，再次走上了全国典型经验交流的舞台……

“‘一提一补’农业水价改革模式，操作简单，易于推广，节水效果好，具有典型意义。”市水务局局长张彦军说，“日前，国家四部委发布了《关于加大力度推进农业水价综合改革工作的通知》，把这项工作推上了一个新高度，我们衡水开全国农业水价改革先河的探索功不可没!”

从“分水到户”到“一提一补”
在创新中寻求经济、社会、生态效益“多赢”

2004 年 4 月，桃城区被河北省水利厅确定为省级节水型社会建设试点。8 月，我市农业水价改革的序幕在桃城区郑家河沿镇种高村拉开。

根据种高村先前每年的用水统计，桃城区水务局先确定了整个村的用水额度，再根据每户的人口、耕地等情况，下发了《水权使用证》，把全村每年可采 42 万立方米地下水的总额度分配到户，并规定：节约有奖，超用受罚，节余水量可在村内有偿转让。水权强化了，村民们自觉节水的热情由此激发。

水分到了自己名下，自然要省着用。然而，用啥制度才能让节水更有效果呢？

最初的半年里，种高村的节水制度经历了“阶梯水价＋微调”“浮动定额”“浮动总量”三个阶段。尽管节水制度操作公平，相对简化，但罚款兑现比较难。于是，先将水价提高一定幅度、奖罚完成后再视情况返还的“罚款预备金”思路应运而生。

在制度试点过程中，工作人员发现，如果根据耕地面积平均返还补贴，则能直接替代“节奖超罚”，可以省去许多步骤和工作量。为此，他们选择郑家河沿镇的国家庄和盐堤口村作为新试点，在一年多的时间里印证了这种设想。自此，“一提一补”农业水价机制正式产生，并在桃城区各乡镇推广。

“一提一补”节水机制执行的是“电提亩补”，即先将电费上提，按浇地的用电量收取电费；再将电费提价部分和政府补贴部分，按照土地亩数平均下发。

“‘一提一补’在咱村实行十来年了，节水节电不说，还把村里人都变成了种庄稼的好把式。”7月17日，在邓庄镇速流村街口，64岁的老党支部书记王占羊乐呵呵地和乡亲们聊着天。

“谁不知道土地平整了不憋水，浇得又快又省水！”

“对，再打成小畦儿，配上‘小白龙’，更省！”

“这都是明账。土地亩数一样的人家补的钱一样多，当然谁家浇地用水少谁合适啦！”

大家你一言、我一语，说的都是水价改革后观念的转变。

十几年来，“一提一补”制度经受住了时间的检验。制度创始团队成员、桃城区水务局专家常宝军说：“水利部《一提一补制度节水效果研究》课题证明，这项制度节水率高达21%，长期坚持，生态效益明显。”

从政府管理到用水户自治
群众在参与中转变节水观念提高节水意识

有了好制度，还要执行好。在“一提一补”制度产生推广的过程中，我市各种形式的管水组织始终存在，但作用并不明显。

“只有组建长期稳定的管水队伍，建立县、乡、村三级农民用水合作组织，让用水户信得过的人参与其中，才能将‘一提一补’制度的优势真正体现出来。”枣强县水务局局长朱洪武说。在这一点上，枣强县走在了全省的前面。

2016 年 4 月 9 日，枣强县用水户合作协会正式成立。随后，12 个乡级分会、553 个村级支会相继组建。枣强县实现了农民用水合作组织全覆盖。

枣强县水务局办公楼东侧的二层小楼，是县用水户合作协会所在地。办公环境整洁干净，工作流程清楚明了，卷宗台账详细规范，服务人员热心周到……每一处细节，都彰显了协会的快捷高效。

枣强县水务局还修订完善了水权交易管理办法，搭建了公开、透明的水权交易平台，实现了水权精细化管理和过程性控制。

“我们协会的工作人员，专人专职，年轻学历高，执行能力强。”29 岁的枣强县用水户合作协会会长李伟说起话来干脆利落，“一年中，我们一半时间忙活着各参与村台账的最终复核、入村公示和精准补贴的发放，另一半时间则在各乡镇的大集上，宣传全县农业水价改革工作。”

恩察镇马坊村的王文青，既是“一提一补”的受益者，又是村级用水户合作支会的成员。“头一年推的时候，俺挨家挨户做工作，提了价的电费半个来月都没收齐。可今年春天，大喇叭里一喊，半天就收齐了。群众的节水意识到位了，这工作好干多啦!”

“这得益于县乡的大力宣传。通过实行‘一提一补’，群众对节水有了新认识，都说这地下水得省着用哩!”村主任赵志勇接过了话茬儿。

从局部试点到推广示范
“一提一补”在实践中登上更广阔的舞台

农业水价调整，一头连着农民和粮食安全，一头连着水资源和水安全。不提价，难以实现节约用水目标和水利工程良性运行；简单提价，则会影响农民利益且让农民难以接受。因此，农业水价改革长期以来都面临着“两难”问题。

桃城区首创的“一提一补”制度，有效解决了这一问题，一经问世，就引起了水利部、省水利厅的关注和诸多专家学者的兴趣。新华社、中央电视台和《人民日报》等各大新闻媒体纷纷予以报道，北京、山西、宁夏等省、市、自治区及我省大部分市县的水利工作者也前来参观学习。

一时间，“一提一补”农业水价改革模式声名鹊起——

2009 年，水利部原部长汪恕诚在全国水资源工作会议上评价说：“提补水价”机制，充分利用价格杠杆的作用，与农民群众的利益紧密结合，实现了用水的节奖超罚，操作方法简便易行，是创造出的一种奇迹，是很漂亮的一朵浪花。

2010 年，水利部专家组全票审查通过了《桃城区“一提一补”水价节水机制推广应用》专题，标志着桃城区首创的“一提一补”制度正式向全国推广。

2013 年，“‘一提一补’农业节水机制研究与应用”荣获全国第三届农业节水科技奖。

2014 年，时任国务院副总理的汪洋在衡水考察时指出：“一提一补”，最后形成用水越多掏钱越多，用水越少掏钱越少，不用水甚至还能得到补贴的机制，这样群众的节水意识就会大大增强。这是一个很好的机制。

……

一项项荣誉，一份份肯定，激励着衡水水务人不断前进。而今，枣强县水务局创新实施农业水价综合改革工作，为农业节水积累了新的经验，被水利部确定为“农业水价综合改革重点县”，在全省乃至全国再次掀起了一场“农业节水学衡水”的热潮。

仅今年 3 月份以来，就有来自省水利厅、中国水科院及内蒙古、山东、河北等多地的百余人前来参观学习。7 月 17 日，邢台南宫市和保定望都县从事农业水价改革工作的技术骨干同一天来到枣强参观。他们表示，要认真学习借鉴枣强经验，尽快制订实施方案，迅速开展水价改革工作。

我市“一提一补”农业水价综合改革模式，将节水与用水者的利益紧密结合，利用价格杠杆的调节作用激发了农民自发节水的“兴奋点”，让节水变成农民自觉、自发的行为——

有的自发清理延伸原有渠道、扩挖修葺坑塘，优先引用地表水、中水、雨水进行农业灌溉；有的安装防渗管道、修建扬水站点、平整土地，加大农田水利工程建设力度；有的自觉减种高耗水、低收益作物，重点发展果树、油料作物或节水优质小麦……

“水价改革保资源，‘一提一补’操作简，公共参与把水节，利国利民大家赞……”如今，一首来自民间的“节水顺口溜”在衡水农村广为传唱。

这首顺口溜，既唱出了衡水百姓对“一提一补”制度的高度认可，更唱出了衡水人愿意节水、渴望节水的热切心声。

（原载 2018 年 7 月 27 日《衡水日报》，获第三十五届河北新闻奖一等奖）

面对大市场，小农户在发展现代农业过程中，由于资金、信息、技术、渠道等方面的劣势，难以形成有效的竞争力。衡水市农牧局以农机专业合作社为载体，探索出“破埝”“组团”“提质”“延链”有效途径，推动了规模经营，破解了这一难题，在全省起到了示范引领作用——

小农户对接大市场的衡水样板

初冬的阳光自在而慵懒，而深州市众联农机专业合作社负责人王磊和工作人员却无暇享受这份安逸。

宣传动员、预签合同、丈量土地……几天来，他们一直在刘家沙洼、东蒿科、马家湾等几个村忙活着。

破埝　土地托管化零为整实现规模效益

要坚持规模适度，重点支持发展粮食规模化生产。要让农民成为土地适度规模经营的积极参与者和真正受益者。

——2014 年 9 月 29 日，习近平在中央全面深化改革领导小组第五次会议上的讲话

“到今天，咱们已和几个村预签了 1000 多亩土地托管合同。照这个进度，土地托管面积比去年翻一番的目标年前就能实现啦！”11 月 25 日下午，在众联农机专业合作社两天一次的工作例会上，王磊高兴地宣布。

“传统耕种模式已不能适应现代农业发展的需求。现在农村主要劳力多是老年人，许多体力活干不了，让在外打工的子女回来又不现实。土地托管这种模式，能把农民从土地上解放出来，让农民实现靠土地养老。”34岁的王磊生在农村、长在农村，对当前农村的一些问题很是了解。“以前的农机合作社也为农户提供农事服务，但不规范、不全面。如今，我们开展耕、种、管、收、运、销等全方位土地托管服务，很受农民欢迎。”

众联农机专业合作社的全程托管模式，在深州农村很有吸引力。2016年，这一模式推出当天，就在试点村签订了460亩地的托管合同。合作社运营两年来，已在深州市魏家桥镇、高古庄镇、王家井镇、大屯镇托管土地2163亩。

针对不同地区农村实际，我市农机专业合作社土地托管模式也各有不同。除了只负责全程农机化服务的订单式托管和众联农机专业合作社的全托管外，还有一种套餐式的管理模式——农户自主选择一项或多项服务，被称作半托管。

位于冀州区门家庄乡的拓田农机专业合作社就是半托管模式的典型代表。除全程农机化服务外，合作社还提供种子、化肥、农药等农资购买和灌溉、病虫害防治等服务。农户根据需求选择项目，各作业环节服务费都比市场价格低10%左右。针对没有劳动能力的老弱病残农户，合作社还推出了土地入股模式，保证入股农户每亩土地不低于900元的纯收益，并按照股份参与二次分配。

“多样化的服务，给不同需求的农户提供了更多选择。”市农牧局农机管理总站站长韩东方说，“土地统一托管，不仅实现了农业种植的节本增效，成方连片的土地还适合大型农机具的规模化生产，在承接国家重点农业项目上也更有优势。”

“现在，农民托管的土地越来越多，很多村几乎是整村托管。

合作社的土地也由最初的零散地块，破埝连片变成了大块耕地。随着耕种效率和土地收益的提高，农户收入也跟着水涨船高!”看着今年新增的地块，王磊信心更足了。

土地托管实现了农业生产规模化、标准化、精细化管理，更在充分尊重农民土地种植选择权的基础上，解放了农村生产力，带动了农民多渠道增收。

“之前一家人都被拴在地里，现在孩子们出去打工，俺们老人也能像城里人一样好好享受晚年生活了。”马家湾村 65 岁的闫旭博说起现在的日子，眉眼里都是笑。

组团 订单农业确保农户稳定增收

推广订单农业、“保底收益＋按股分红”等形式让农户分享产业链增值收益，有效增加农民经营性收入。

——《中共河北省委河北省人民政府关于实施乡村振兴战略的意见》

这几天，拓田农机专业合作社办公室里人流不断，社员们兴高采烈地前来领取售粮款。

“今年，我们合作社一共收了 6000 多吨优质强筋麦。从 10 月底开始大规模销售，已经卖了多一半。这不，正忙着给大家发钱呢。”合作社负责人王金卯介绍，“这种优质强筋麦俗称‘面包麦’，市场好、价格高，但必须连片种植、单收单打单储，才能保证品质。以前一家一户种植面积小，品质不能保证，做不到优质优价，是咱们的合作社将农户联合起来，提高了大伙儿的收益。”

我市以农机专业合作社为依托，将众多农户组织起来“抱团闯市场”，解决了小农户势单力薄无法有效抵御市场风险的问题。

王金卯创新农业生产综合服务模式，引导入社群众大力发展订单农业。在市农牧局扶持下，他们和大粮企签订了优质强筋小麦收购合同，建立了优质小麦种植基地，实现了产业化种植，成为我市提升小农户组织化程度、扶持小农户发展现代农业的一个生动范例。

2017 年，拓田农机专业合作社共种植优质强筋麦 8268 亩，总产量达到 4134 吨，被用粮企业全部收购。“今年麦价相对低些，但每斤也高出普通小麦一毛钱。”王金卯说，看到订单农业的价格优势，农户种植“面包麦”的信心更足了。今年，他们合作社共种植“面包麦”14000 多亩。“小麦长势很好，明年肯定是个丰收年!”

与拓田农机专业合作社类似，阜城县惠农农机农民专业合作社看准市场定良种，选择了适宜酿酒的糯高粱——冀酿 2 号，8 月底与中国酱香型白酒产业委员会签下 5000 多万元大单。他们今年共种植高粱 60000 亩，辐射 6 个乡镇 121 个村 5548 户，收获的 12000 吨高粱已全部销往南方酿酒企业，给社员们带来了不菲的收入。

提质　健全服务体系助推农业现代化

健全农业社会化服务体系，实现小农户和现代农业发展有机衔接。

——习近平在中国共产党第十九次全国代表大会上的报告

大马力的拖拉机及相关配套设备，大型联合收割机、播种机，自走式旱田喷药机，植保无人机，卷盘桁架式淋灌机……在如今的衡水大地上，许多心怀梦想的农机合作社领头人，调度着一台台现代化农机精耕细作。

深州市王家井镇西李秋村的孙仁中，是全国种粮大户、河北省劳动模范，还是仁中农机专业合作社的带头人。

为了让农机管理和运行更加高效，每到麦收、秋收时节，孙仁中都会为合作社的140多台（套）大型农机编号组队。每支车队的一号车都是收割机，后面跟着秸秆粉碎机、深松机、旋耕机、播种机……每支队伍还配备运输车辆，帮助农户将粮食直接运回家。

“现在收秋方便多了，只需有个人在家开开大门，金灿灿的棒子就到家啦!”西李秋村60岁的李民乐呵呵地说，“人家合作社干活，细致到位，效率还高，俺很满意。”

2017年，孙仁中的合作社还承接了省里的全程机械化项目，所有的农机都安上了智能监控设备。孙仁中就像长了“千里眼”和“顺风耳”——哪台机械在哪个地块工作，作业质量如何，进行到什么程度，是否有机械故障……只需查看手机上的智能监控平台，他就能了如指掌。

“他成了如来佛，俺成了孙猴子，怎么蹦跶都跳不出他的手掌心，一点儿懒也不能偷喽!”农机手刘伟东笑嘻嘻地说，“不过，这智能监控系统确实厉害。有一次，俺在马兰井村深松作业，因机械问题作业质量不达标，老孙在手机上看到后及时叫停，并派来了维修人员。这要是过去，俺一天可就白忙活啦!”

智慧农机让农业生产在机械化的基础上更加精准高效，标准化管理则让农业种植更加科学有序。

阜城县惠农农机农民专业合作社探索出“八统一分”社会化服务模式，入社土地实行统一优良品种、统一测土施肥、统一灌溉、统一病虫害防治、统一技术指导、统一收获、统一品牌标识、统一销售和分户经营的管理模式，效果好、可操作性强，已在全市农业系统推广。

“我们种的高粱，全部采用赤眼蜂生物治虫技术，给传统农业贴上了生态优质的标签。”合作社负责人殷三强介绍，生物治虫既节省成本、省时高效，又保障了食品的安全性，还能有效避免对土壤、大气和水体的污染，为农业的可持续发展提供了有效方案。

延链　农社对接增加农产品附加值

> 注重发挥新型农业经营主体带动作用，打造区域公用品牌，开展农超对接、农社对接，帮助小农户对接市场。
>
> ——《中共中央国务院关于实施乡村振兴战略的意见》

如何促进小农户和大市场有效衔接？延伸产业链条、增加农产品附加值，是我市各农机专业合作社给出的精彩答案。

冀州区拓田农机专业合作社的王金卯，手握着数千吨优质“面包麦”，不但与我国最大的农产品加工企业中粮集团成功签约，还建立了优质强筋麦的育种基地。社员们自己种地，种子非但不花钱，还能出售良种挣钱。

阜城县依靠“八统一分”种植模式，不仅实现了农业种植的机械化、标准化和生态化，还发展深加工，推出了益彰酱油醋等调味品和石磨面粉、小杂粮、大豆油、高粱酒等多种产品，延长了自身的产业链条。他们将自己的农产品贴上商标，原本普通的粮食瞬间“高大上”了起来，成了各大商场、超市的俏销货。

景县裕民农机专业合作社理事长冯海利，在注重产品推广的同时，也很重视秸秆回收和再利用。“这几年，国家重视生态和环境保护。我们要充分发挥合作社的带动作用，让农民增强发展生态农业和循环农业的意识。”

2015 年至 2017 年，裕民农机专业合作社先后购置了秸秆打捆机 30 余台、玉米秸秆回收机 15 台、青贮机 5 台，共收贮小麦秸秆近 700 吨，玉米青贮、黄贮 5000 余吨，全部销售给了附近的养殖企业。秸秆回收再利用带动了下游企业发展，减少了秸秆焚烧带来的大气污染和安全隐患，还增加了农民的收入。

近年来，我市农机专业合作社的发展速度越来越快，注册农机专业合作社已达 1090 家，规模、数量和发展质量均居全省首位。市农牧局局长商家荣对我市农机专业合作社的发展充满信心："农机专业合作社将广大农户紧密地联系起来，解决了普通农户面临的一家一户办不了、办不好、办起来不划算的问题，有效破解了农机规模作业与农户分户经营的矛盾，提高了劳动生产率、土地产出率、资源利用率和科技贡献率，对助力乡村振兴战略、推进农业农村现代化建设具有十分重要的意义！"

省农机局局长戎美瑞在我市调研时表示："衡水农机专业合作社的发展，实现了小农户和现代农业发展的有效衔接，在全省农机专业合作社建设上起到了示范引领作用。"

（原载 2018 年 11 月 29 日《衡水日报》，获评《衡水日报》年度好新闻）

衡水加快构建多层次养老服务体系——

从“有”到“优”
让“养老”变“享老”

随着社会老龄化程度的加深，养老服务的成色与效果越来越受到人们关注。近年来，我市以“满足老年人多方面需求”为目标，结合实际，不断提升社区养老服务水平、推进医养融合发展和县乡村三级农村养老服务网络建设，努力逐步构建“居家社区机构相协调、医养康养相结合”的养老服务体系，推动养老服务事业健康发展，进一步提升老年人的幸福感、获得感。

居家社区机构相协调——

“家门口的养老” 有品质更有温度

春日的衡水，生机盎然，繁花似锦。

82岁的贾兰芬虽然腿脚不好，但在护理人员的陪伴下却几乎日日不落地到小区里看春景。小区里哪棵香椿冒了新芽，小花园里新栽了几棵石榴树……老人都如数家珍。

“我就是咱昊和沁园小区的住户，去年因为腿脚不好入住了日间照料中心。工作人员每天照顾我吃饭、睡觉、上厕所，还根据我的身体状况给做康复理疗。那时候天天晚上回家，就像小娃娃上托儿所一样。但家里毕竟不像这里，24 小时有医护人员陪护，还有专业的设施。这不，年前我就搬到长时照护这边来了。”当了一辈子小学教师的贾兰芬思路清晰，说起在昊和康养的这段日子，她很是认可。

作为一家社区养老服务机构，昊和康养为老人提供日间照料、长时照护和居家养老等多种服务项目。日间照料中心仅是其中之一。昊和康养负责人王虹介绍，中心服务内容涵盖日间照料、助餐助洁、康复训练、慢病调养、保健理疗、文娱康养等，基本可以满足老人的日常需求。同时，他们对服务项目、服务内容、收费标准进行公示，让老人做到心中有数。来日间照料中心的老人可以根据自身需求，选择一项或多项适合自己的项目。

“在这里不仅衣食住行不用操心，有个头疼脑热的社区门诊大夫还上门给看病。”去年 6 月，87 岁的高永忠老人入住萃景社区医养结合服务中心。当年 7 月 12 日，当班护工发现老人走路出现失衡情况，立即联系卫生站医生，初步判断是脑部问题，联系老人家属后，立即将老人送往医院。后检查为颅内瘀血，经开颅手术治疗出院后，回到中心康复。中心为老人搭配营养餐、提供照护康复服务。半个月后，老人已恢复最初入住时的状态。现在，高永忠老人打麻将、听戏曲、做游戏，每天日程排得满满当当。

萃景社区医养结合服务中心由信康养老集团与萃景社区卫生服务站共同打造。“我们定期对入住老人进行医疗体检，建立动态健康档案，对老年人常见病多发病给予合理用药和康复诊疗。”中心负责人卢世敏介绍，中心还与衡水市第四人民医院展开合作，开通“健康绿色安全通道”，对危重病人及时送医院治疗，实现“双向转诊”。

中国式养老的特别之处在于，老年人不愿意离家外出养老，他们不仅需要生理上的照顾，更需要精神上的慰藉。相较于传统的养老院，像昊和康养、萃景社区医养结合服务中心这样的社区养老机构充分尊重老年人原有的生活习惯和居家养老的观念，并可为老人提供更为专业的综合服务，让老年人养老离家不离社区，在家门口就能享受到多样化的养老服务。

近些年，我市积极探索更适合本地的居家养老方式，提高社区养老服务能力，不断延伸专业化服务到社区、进家庭，让“家门口的养老”更有品质和温度。截至目前，我市拥有各类社区日间照料站点160个，为1.8万名老人带去品质温暖生活。去年，我市被确定为民政部社区和居家养老基本服务能力提升地区，2490万元项目资金为我市的居家和社区基本养老服务注入了新的强劲动能。

医养康养相结合——

养老看病“一站式”　快乐健康有“医”靠

随着我国老龄化程度不断加深以及人民生活水平的显著提高，人们对养老服务的要求也水涨船高。一大批有知识、有见地、有经济实力的50后、60后退休人员步入老年，让医养康养全面融合发展成为当前养老服务的重要发展趋势。

走进位于衡水高新区振远路的衡水市老年养护中心，远远地就能听见活动室里歌声阵阵、笑声不断。老人们手舞彩带排练队形，幸福的生活挂在脸上，甜在心里……衡水市老年养护中心是以机构养老、医疗康复、照料护理为一体的综合性养老机构，设置床位500余张。养护中心在传统多人间和双人标准间的基础上增设了套间，迎合了老年夫妇同时入住的需求。室内各类生活设施、家具均为适老化设计，整洁明亮的房间里还摆放着老人从家里带来的绿植和装饰，家庭氛围十分浓厚。

书画室里，85岁的王藏巧老人端坐桌前、凝神挥毫。“这是跟着市老年大学老师学习的第三个学期了，每天都会过来练一会，练练字手抖得也轻了。”入住两年多，王藏巧说比在家强，“在这儿，吃饭、洗衣、看病都不愁，娱乐活动还很多，能听各种讲座，我还能到阅览室抄录我喜欢的偏方。”养护中心在传统服务项目的基础上，还增设了党员活动室、阅览室、网络室和放映厅等，对老人们的各类需求都有所回应。

专业的照护和医疗团队是老年人能够正常生活的基本保障。衡水市老年养护中心与衡水市第七人民医院联手，将“医养结合”变为“医养融合”，形成了集内科、中医科、康复科、B超室、心电室、输液室等于一体的医疗服务模式，长年为养老、长期卧床、失能半失能、术后康复护理、临终护理等老人提供各类服务。

“所有入住的老人都会经过认知、行动等方面的专业测评，进行养老等级评定并建立健康档案。我们会根据老人身体情况，为他们提供慢性病管理、干预，或者制定康复训练计划。”中心工作人员杜颖介绍。

86岁的张淑兰老人因重症肺炎进行了气管切开手术，术后生活不能自理，需要人全天照护。“我母亲从ICU出来后就一直需要换尿管、吸痰等一些专业护理，而我们也没有专业的护理知识，想在家中护理基本不可能，老年养护中心提供的专业服务，真是给我们帮了大忙。”张淑兰的女儿感慨地说。在衡水市老年养护中心五楼综合内科，配备有集中供氧系统、负压吸引系统等必备和常用医疗设施，两块电子大屏实时集中显示每位老人的监护数据，专业医护团队24小时待命，为重症、危重症和后ICU病人提供专业护理服务，实现医养服务零距离。“所有在院老人实现医保直接就诊、住院及药物购买等，病区实行开放式管理，家属可以随时探视。”综合内科负责人马星介绍。

“医”是基础，“养”是核心，我市推动医疗机构与养老机构联手合作，让医养、康养深度融合，建起集养老护理、医疗康复、休闲娱乐于一体的多层次养老服务体系，不断促进养老服务事业发展，提升老年人的幸福感。

护工与智能相辅助——

见“人”见“智”　让农村养老不再孤单

在衡水工作的李志松最近刚给在老家武邑独居的父亲配上了一个智能养老手环，“现在通过手机 APP，我可以实时查询父亲所在的位置，虽然不在身边却也放心不少。”他还通过手机 APP 下单，为父亲选择送餐、助洁、基础体检等服务。

“手环与智能监控系统相连，如果老人突发身体不适，可以通过‘一键报警’发出求救。系统会在第一时间联系老人的监护人，对联系不上的我们会派出工作人员前去查看。”武邑县易家科技智慧服务云中心负责人刘丽丽介绍，这是他们基于大数据云平台搭建的智慧养老系统，通过社区与养老企业合作，提供“智能连接＋居家养老＋健康管理”的新型养老模式，从而满足老年人和家人多样化、多层次的服务需求。

3 月 9 日下午 3 时，河北乾泰养老服务有限公司护理员张艳利、王庆梅准时到达故城县郑口镇后沙岗村老人吉保中家，按照老人下单的服务，手脚麻利地忙活起来。吉保中是低保户，因年事已高、身体行动不便，被列入享受政府购买居家养老上门服务人群。

去年以来，故城县民政局与中国普天信息产业集团有限公司、故城仁德养老合作搭建故城县智慧养老综合服务平台，以政府机构出政策、买服务、做监督，专业大数据公司搭建线上服务平台，本地养老机构提供线下护理服务的模式，为全县经济困难的失能、半失能、80 岁以上高龄老人提供服务。截至目前，已将全县享受政府购买居家服务的 706 名老人全部纳入服务系统，开展各项服务 39483 单、42925 工时。

“老年人可以根据自身需求在平台上下单，服务内容还可以‘量身定制’，一切以老人需求出发。”河北乾泰养老服务有限公司负责人崔洪梅介绍。在智慧养老综合服务平台的可视化大屏上，可以实时监控养老护理员从接单、上门服务到结束工单、拍照反馈的全流程。“老人除了在‘派工单’上签字认可外，还可通过现场录音、服务内容拍照等方式对服务质量进行评价。养老机构随机对上门服务情况进行抽查和回访。民政部门可对服务记录进行查看、审核，将居家上门服务满意度作为政府补贴的重要依据。”崔洪梅说。

在信息化、智能化的基础上，利用数字技术建成智慧养老服务平台，是构建智慧养老服务体系的关键。目前，我市已建成 1 个市级信息平台和 6 个县级平台，后续将市级平台与县市区养老服务平台链接，实现对全市范围内养老床位全天候监测、养老上门服务签退以及满意度调查等情况的实时在线监控，依托大数据构建多层次养老服务网。

在全力勾勒智慧化养老发展蓝图的同时，我市也将农村养老事业发展紧紧抓在手上。鼓励相邻或相近的村联合建设区域性农村互助幸福院，鼓励农村互助养老设施与其他公共服务、社会福利设施共建共享，鼓励支持设置邻里互助点……

“幸福院里干净、条件好!”85 岁的黄书芬是阜城县南小张庄村互助幸福院的第一批住户，“在这儿住的都是一个村的，闷了串串门、唠唠嗑，还能和老姊妹一块儿遛弯、赶集。关上门自己过，打开门能就伴儿，有了事还能互相照应，真好!”这席话，黄书芬说得情真意切。一次，她突发脑血栓摔倒，就是幸福院的邻居们及时叫来了卫生室大夫，还通知了她的家人。

南小张庄村的互助幸福院采用的是“以地养老”的模式。2014 年建幸福院时，村里鼓励 60 岁以上有生活能力、无生产能力的留守老人，将原有危旧房屋置换成幸福院公寓房，或以成本价卖给入住老人，老人拥有新住房的宅基地使用权和房屋所有权。每位入住老人每年的费用包括水电暖和各项管理服务大约需要5000元。这部分资金由入住老人每人每年掏2000元，其余3000元由村集体和民政部门补贴。

在互助幸福院居住，老人的生活环境和社交圈基本没有发生变化，更符合农村老人的养老心理。目前，我市4994个村，建设了3753个农村互助幸福院，覆盖率达到75%，进一步实现了农村老年人家门口的幸福养老。

养老服务将在今天和明天事关每一个人。为了搭建多层次、多样化的养老服务体系，我市连续两年将全市养老服务能力提升工作列入市属20件民生实事，积极助推养老服务从“有”向“优”迈进。目前，全市11个县市区和滨湖新区、衡水高新区全部建成了养老服务指导中心，居家和社区基本养老服务提升行动项目有序推进，经济困难的老年人家庭适老化改造、新增等级认定养老护理员人数均已超额完成；《衡水市养老服务条例》列入立法规划二类项目，养老法制化建设迈上新台阶。

“下一步，市民政局将持续推进县乡村养老服务三级网络建设，加快构建居家社区机构相协调、医养康养相结合的养老服务体系，加大基本养老服务和居家社区养老服务推进力度，完善养老服务综合监管制度，持续推动养老服务事业发展，提升老年人的幸福感。”市民政局副局长张杰介绍。

（原载2024年4月19日《衡水日报》，该作品与杨雯合作）

一个好班子托起一所好学校

——衡水中学探源

“一座矗立的大厦，必定有挺拔的栋梁；一个不倒的巨人，必定有刚直的脊梁。”衡水中学能够在短短10年之中由一所二三流的普通中学，成长为一个在全省乃至全国教育界都有较高知名度的重点中学，取得高考连续五年位居河北省榜首的佳绩，固然与衡中师生们的共同努力分不开，更与其有一个率先垂范、殚精竭虑和远见卓识的领导班子密不可分。

十年来，无论是原任校长李金池，还是今春走上“班长”岗位的张文茂，都视班子的团结奋进、开拓创新为生命，都始终践行着“以事业为重，从大局出发，为师生着想，对未来负责”的班子座右铭，带领广大师生攀越着一座又一座高峰。

“其身正，不令而行；其身不正，虽令不从”。多年来，衡中原校长李金池不但像“船长”一样，掌握着衡中这艘巨轮的航向，乘风破浪、勇往直前，而且像“水手”一样，从点滴小事做起，在潜移默化中影响着衡中的每一名师生。人们不会忘记，2002年4月，李金池外出考察，天天是早午晚赶路，正点考察学校。考察到第三天时，他感觉腰部疼痛难忍。但是他依然坚持着，继续进行考察，一直到第五天，考察任务完成时，他的腰却已经疼得站不起来了。回到衡水经过检查发现，由于长时间坐车颠簸，竟导致了椎尾骨断裂……

在衡水中学，虽然领导班子有了更迭，但难能可贵的是，这种工作精神不仅依然延续，而且日益光大。

“当领导不是事事发号施令，而是要以身作则，当好表率，搞好服务。”现任校长张文茂语气平和，不紧不慢地说：“老师们所关心的、所需要的，就是我们本届班子所要做的。”他向记者强调着他在任职大会上的宣言，而这也许就是衡中的教师为什么那么敬业、那么无私奉献的源泉所在吧！

2002年，当时还是副校长的张文茂带领老师们到江苏考察。临行前，他就感觉腿部非常疼。但由于衡中的老师们历来都是利用周末的时间外出学习考察，因为怕耽误了老师们赶回学校上课，他就想等回来后再去检查。这一走就是三天，行程1000多公里。考察结束时，他的腿疼得已经不敢迈步。等到去医院检查时，医生说，是腿部静脉栓塞，再晚来后果就严重了。为此，在学生和老师眼中十分健康的张文茂不得不在医院里躺了半个月。但就是在这种情况下，出院后的当天，他的身影又出现在校园里。

前不久，衡中的一名学生因违反校规受到了学校的处分。学生家长和张文茂是多年的好友，心想这点小事还不好办，于是这位家长满怀信心地找到张文茂要求通融一下。没想到张文茂却说：“如果我自己都不能执行校规，不能坚持原则，那我只好辞去这个校长了。”见状，他的好友也无话可说了。

最近，学校为了给早起跑操的学生照明，特意在校园里安装了射灯。但是，由于安装工人操作的失误，晚上12时多，射灯就早早亮了起来。连续几天都是深夜回家的张文茂发现后，及时通知电工关掉了灯。这虽然是一件小事，但是我们从中可以看到，作为一名衡中校长那种不辞辛苦、日夜操劳的工作精神……

没有“一言堂”，没有“家长式”作风。在衡中，学校无论大事小情，都是通过集体研究表决。像分房这样的重大事情，均由教代会民主决策，研究制定方案进行分配。今年暑期，为了方便学生的生活，衡中准备在校内建立一个超市。消息一传出，好几家超市托关系走后门想要来经营。“公开竞标，必须保证商品品质，而且利润率要低于校外超市。”最终经过竞标，确定了经营业主。

在这个学习的乐园里，领导是没有什么特殊的。如果硬要说有的话，也就是他们“特别能吃苦，特别能战斗”。他们以奉献为荣，以奉献为乐，甘愿奉献，不求索取。在他们中间，奉献已不再是一种口号，而成为一种义务和责任。

衡水中学的班子成员经常是眼光向下，他们对深入一线研究和调查有着独特的情结。只要不出差，他们总是和学生一起起床，一齐上操。学生上课期间，他们又会到教室、宿舍、餐厅和备课区……去听听，去看看，去查找不足，去发现问题，去解决问题。夜深了，当校园里的灯光熄灭的时候，几位校长的办公室依旧灯光明亮，他们还在分析当天的调研情况，谋划着新一天的工作。我们问他们这样累不累时，校长张文茂却幽默地说了一句：“有压力是一种享受，我把工作当成一种乐趣，是在享受工作，你说累不累?”

是啊，把工作当成乐趣，把压力作为享受，这在很大程度上也昭示着衡中领导班子那种积极向上、乐此不疲的工作态度。

每个星期五的晚上七时十分是衡中雷打不动的校长办公会，按常理这正好是晚饭后时间。然而由于工作繁忙，许多校领导经常是顾不上吃饭，直接就上会了。今年 9 月的一次办公会上，在参加会议的 16 位中层以上领导干部中，竟然有 11 人因为工作太忙而没有顾上回家吃饭。

采访期间，我们试图让老师们回忆起一些校领导在工作上的一些小小的失误而受到处罚的事情，这在一般性文章里也是司空见惯的写法，正好借以说明他们是如何令行禁止的。然而，我们所做的一切都是徒劳的，所有被采访的教职工怎么也想不起来校领导们有什么“触电”的事情。在他们的脑海里印下的是校领导们忙碌的身影、疲惫的肩膀和那一个个令人难以忘怀的故事。

前不久一个下午，副校长王建鹏正准备去参加班主任例会，忽然觉得头晕、心慌，而且全身直冒虚汗。但他吃了点药，依然坚持参加了会议。王建鹏主抓学校德育和膳食工作，他坚持每天5时半起床，深入教室、食堂调研、检查，晚上学生休息后才回家，天天如此。由于长期休息不好，积劳成疾，不仅血糖高、血脂高，而且血压也高，但他从没有为此休息过一天……

去年的春天，“非典”这个恶魔来了。为了保证学生的安全，“封校”是衡中人唯一的选择。当这一想法还在酝酿中的时候，为了不影响工作，为了战胜这场瘟疫，住在校外主抓财务工作的纪委书记王治军义无反顾地扔下家，首先搬着铺盖卷儿住到了学校，而且一住就是两个月。天天早起晚睡，深入到师生中间查看巡视……

去年冬天的一个夜晚，一位老教师家的暖气管道漏水了。接到电话，副校长祖久春连袜子也没穿就急急忙忙地赶了过去。当看到满屋都是水，老教师一家人正不知所措时，他二话没说，挽起裤腿、光着脚就踏进了十几公分深的水里，帮忙清水、搬家具，直到将暖气修好。祖久春主要负责学校的基建工作，为了保证工程的质量，他经常在深夜二三时起床到工地检查……

在衡水中学采访的几天里，我们在教师脸上看到的都是笑容与自信，听到的都是“温暖”与“感动”。

“前不久我的屋顶有点渗水，张校长知道后立即要求总务处限时修好并向他汇报。我们的一点小事，校长都当做大事挂在心上，想起来我就有一种温暖的感觉。”青年教师郗会锁提起这事激动之情溢于言表。

“我们在衡中工作，只需要把学生教好了，其他问题，校领导都考虑得很周全，我们没有一点后顾之忧。”吴树勋老师对记者如是说。

“张校长 50 多岁的人了，还患有高血压，但却跟我们一样早起晚睡，我们除了更加努力的工作之外，还能做些什么？能当一名衡中人，我感到很骄傲。”教务处主任康新江心中满是感动和自豪。

是的，作为一名衡中的教师是自豪的，更是幸福的。为了方便和丰富教师们的生活，衡水中学先后和市二幼、市二院联办了幼儿园、衡中社区医疗服务站。教师们家中水电暖出了问题就会影响老师们的工作，为此衡水中学专门推出了“维修申报卡”制度，限时解决问题。为给教师们创造舒适的业余生活环境，衡水中学建成了一个高标准的舞厅，这一下高兴得老师们合不拢嘴，现在每逢节假日他们都要唱个尽兴，舞个不停。近年来，全国先后有 20 余个省市的优秀大学毕业生到衡水中学任教，为了解决他们的婚恋问题，学校工会把这件事也写入了议事日程……

荣誉代表着辛勤的汗水，也代表着一种工作被肯定后的荣耀。就在当今社会上，一些人为了给自己争取一个个耀眼的光环去想方设法费尽心机的时候，衡中的领导却是淡泊名利，把辛苦留给自己，把荣誉让给职工。

几年前，在一次全省教育会议上，与会的首批全省 24 所重点中学校长中，只有李金池不是特级教师。难道是衡水中学的校长不够特级教师资格？答案是否定的。其实早在 1995 年，衡水中学的教育教学质量一举走上全地区第一的位置时，上级部门鉴于校长李金池出色的工作业绩，戴帽划拨给衡水中学一个特级教师名额，但他却把这个名额让给了一线教师，随后又连续两次把特级教师名额和多个国家级荣誉称号——让给一线教师。现任校长张文茂也是如此，今年，上级又给了衡中两个特级教师名额，张文茂和他的伙伴们同样把名额都让给了一线的教师。今年教师节前夕，上级让衡水中学报送一名“全国模范教师”，当之无愧的张文茂校长再一次把这个荣誉让给了年轻教师。他说：“在衡中，最辛苦的是一线教师。他们付出了，就必须有回报。”

像这样的事情还有很多，比如，市里每年拨给衡中的10余万元高考奖金，全部用于奖励一线教师，校领导从未拿过一分一毫。任课教师们加班都有补贴，而校领导们尽管每天都在加班加点，但是他们的补贴栏里却是一直空白……

就这样，在衡中从来没有人为奖金、为荣誉、为职务找过学校领导一次，没有人有厌战情绪，而这无不得益于衡中领导为他们创造的良好和谐的人文环境。我们看到，在衡水中学，大家都是一样的精神旺盛，讲求效率，配合默契。在这样的环境里找得到做事业的感觉，找得到工作的快感，找得到作为一名教师的光荣与梦想！

刚走进衡中的青年教师更是赞不绝口。“在这里，校领导的关心无微不至，老教师传授经验毫无保留，青年教师勤奋敬业，如同一个温馨的家。”今年从陕西师大毕业的河南籍教师李海红深有感触地说。

是啊，这里是知识分子的精神家园，更是每一名青年教师成长的乐土。9月21日下午，衡水中学2004—2005学年度拜师会隆重举行，有40位新教师成为33位经验丰富的老教师的徒弟。每对师徒都郑重地在明确了师徒责任的《师徒协议》上签下了自己的姓名。

最近，为了方便青年教师观摩学习，该校又投资安装了一套教学观摩系统，青年教师在备课区内只需点击鼠标就可以观摩任何一位老师的授课，并能了解学生们的上课情况。

自 2000 年始，该校先后有 110 名青年教师进修研究生课程，有 6 人已取得硕士学位；有的英语教师被学校送往加拿大，正在进行为期半年的专业培训。今年 7 月，衡水中学和英国罗杰·曼物兹学校进行了友好学校签约仪式，这标志着衡中又多了一个外派教师出国学习的渠道。

这是一个平凡的集体。没有显赫的声名，没有厚重的权位，就像夜空中的点点繁星。

这是一个英雄的集体。日复一日，年复一年，将辛劳化为基石，撑起衡中教育的巍峨大厦。

衡中班子，一个令人折服的战斗集体！

（原载 2004 年 11 月 24 日《衡水日报》）

旧宅基种下新希望 闲院子长出“金娃娃”

——武邑县盘活利用农村闲置资源助力村民增收探微

土地是中国人的根，宅基地则更是中国农民一种浓厚的故乡情怀。然而，在一些农村，却面临着部分宅基地、住宅闲置浪费和农村留守人员整体收入偏低、村庄面貌亟待改善的双重难题。

如何盘活农村闲置资源，进而改善村庄面貌、促进农民增收？武邑县紧紧抓住2020年10月获批省级农村宅基地规范管理和闲置宅基地闲置住宅盘活利用试点县的契机，把盘活利用农村闲置宅基地和闲置住宅作为节约高效用地、发展农村经济、推进乡村振兴的重要抓手，以“三强化”开局、以“三保障”支撑、以五种模式探索，走出了一条让农村闲房老宅生“金”的道路。

2020年底，农村宅基地改革对武邑老百姓来说还是新生事物。刚开始时，很多群众认识不到位、配合不积极。为了能将工作落到实处，武邑县在充分调研的基础上，按照“政策引领、稳妥推进，试点先行、保障有力”的原则，从三个强化入手，打开了局面：

——强化组织领导。他们研究出台了《武邑县农村宅基地规范管理和闲置宅基地闲置住宅盘活利用试点示范实施方案（试行）》，确定了县直接领导、乡镇组织实施、村具体操作的工作格局。

——强化宣传引导。他们编撰农村宅基地政策汇编500余本，印发宅基地改革明白纸2万份，召开培训会16场次、培训

1600余人。

——强化摸底统计。他们在全县524个村均设立调查小组，全面摸准核实农村宅基地信息，建立了县乡村三级农村宅基地台账。

打牢基础只是“万里长征走完了第一步”。接下来，武邑县又从三个层面入手，为农村宅基地改革的顺利推进找到了“保险绳”。

——资金保障。武邑县不等不靠，在积极争取省厅宅基地改革资金的同时，县级财政统筹资金900多万元，打捆用于农村宅基地改革试点工作。充足的资金让改革有了底气。

——制度保障。他们先后出台了《关于农村宅基地退出的指导意见》《关于农村宅基地使用权流转管理实施意见》等5个改革性文件，严格宅基地规划、分配、使用、调整、收回、监管等政策要求，让改革有章可循、有法可依。

——领导保障。获批试点县以来，武邑县委、县政府主要领导高度关注，多次做出重要批示，分管领导坚持一旬一碰头、一月一调研、双月一调度，为指导推动农村宅基地改革提供了坚实的领导保障。

在深入摸底、科学研判、保障有序的基础上，武邑县按照民意为先、效益为主、稳妥推进的基本思路，确定了18个试点先行村。他们因村制宜、因地制宜，探索出了5种农村宅基地改革新路径，取得了一定进展。

“三园一伏”盘活模式——

当年的大紫塔乡靳紫塔村，同许多武邑农村一样，都是“空心宅残垣断壁、闲散地茅草半人高、村内垃圾乱堆”的模样。如今，经过农村宅基地改革，村庄面貌大变样，取而代之的是房前屋后的小菜园、小果园和让人心旷神怡的小游园。

18 个试点村先行先试，积极推进见缝插针式的小菜园、小果园、小游园建设，不仅让村容村貌大为改观、引领了健康的生活方式，更让村民和村集体得到了切实的收益：闲置宅基地与清理出的土地由村集体以宅基地所有权入股并负责前期投入，原住户以宅基地资格权入股，管理者负责日常管理；收益则采用由宅基地原住户、村集体、管理者各得三分之一的三方共赢模式。这一过程中，武邑县共拆除、平整残垣断壁 6000 余处，建设“三园”3000 余处。同时，他们还在清理出的土地上建光伏电站，收益归村集体与原住户双方共赢。截至目前，全县今年共整合扶贫资金 1700 万元，扶持 82 个村集体建设光伏电站，村年均增收 3 万元。

“三园一伏”模式因适用性广、操作相对简单，迅速在武邑县众多农村推广开来。

“加工作坊”盘活模式——

在那些有一定产业、交通便利、基础设施较好的村庄，“加工作坊”的盘活模式因收益较高，成了首选。

韩庄镇国英家庭农场的“芽苗菜”生产项目是武邑的新兴项目，利用各种谷类、豆类种子培育出营养丰富、无污染、可食用的“芽菜”，深受广大消费者青睐。“芽苗菜占地少、空间利用率高，投资小，周期短，利润可观，有几间房就可以种。”韩庄国英家庭农场负责人李治国常常这样向乡亲们推广芽苗菜种植。在国英家庭农场的带动下，40 余户农户将闲置农房改造为培育车间种植“芽苗菜”，盘活利用闲置农房 118 间，户均年增收 2000 多元。

硬木雕刻家具和金融橱柜都是武邑人自豪的“产业名片”。许多村庄既有这些方面的产业基础，又有懂技术、会加工的技术工人。这些村就通过改造、置换、租赁等形式，将闲置农房和宅基地改造建设成加工车间或小作坊，在为小微企业解困的同时，带动了村民增收。

目前，武邑县依托硬木雕刻家具产业、金融橱柜产业、家庭农场等产业，利用闲置农房及庭院和闲置宅基地建立起初加工车间 4678 处。

“民宿旅游”盘活模式——

韩王思公村是武邑小有名气的文化村，因地处城区周边、紧邻衡水野生动物园，又有一定的文旅资源，决定利用闲置宅基旧农房发展“民宿旅游”。

他们成立了农宅合作社，由村集体经济组织牵头，采取“农户＋村集体股份经济合作社＋企业”等多元主体的形式对闲置农宅进行统一打造；确定了农户享受房屋租金、集体合作社按合同约定分享收益、企业经营的经营模式。由农户负责提供闲置宅基地和闲置住宅，企业负责农宅改造和后续经营管理，村集体经济组织负责提供基础设施和公共服务，三方统一签订租赁合同，发展符合乡村特点的餐饮、民宿、旅游等农村三产融合新业态，现已改造农宅 20 余处。

像韩王思公村一样，韩庄镇贾史庄村、审坡镇贾寺院村等村纷纷依托自身交通优势、和谐村风和文旅资源，通过“民宿旅游”模式，盘活了闲房老宅，搞得风生水起。目前，武邑县发展休闲旅游的村庄区域 6 个，辐射带动周边村庄 20 多个，在大幅提升村集体经济实力的同时，带动了周边乡村旅游发展。

“集体收储”盘活模式——

赵桥镇刘家村是“人民楷模”李保国同志的家乡。为了将

“太行新愚公”精神赓续传承，武邑县在刘家村探索了一条“集体收储”的路径。县政府拨付了专项资金，专门用于闲置宅基地收储再利用的启动、奖励、补助及复垦工程，实现集体收储、集零为整、整体开发。对于收回的宅基地除按河北省区片地价补贴以外，再根据宅基证面积以每亩 5 万元的标准进行二次补助，有效调动起农民群众的积极性。

按照这种模式，刘家村在农户自愿的基础上，先后对 17 处 5.71 亩闲置住宅和宅基地进行集体收储，给予村民补偿 59.4 万元，统一建设了李保国教育基地项目，将“集体收储”盘活模式演绎得有声有色。

“增减挂钩”盘活模式——

审坡镇邱高寺院村，因其闲置农房和闲置宅基地相对集中且与耕地相连，实施了村民有偿退出、集体建设用地开发复垦的“增减挂钩”盘活模式。由村集体经济组织牵头，鼓励农户退出闲置农房和闲置宅基地，节余集体建设用地达到复垦标准的（与耕地相连，面积达到 600 平方米），县财政按每亩 15 万元补助（农户只享受宅基地面积补助，宅基地以外的补助归村集体）。复垦后的耕地归村集体所有，增减挂钩指标由县政府收储。

经过拆除平整、有偿收回后，邱高寺院村与耕地相连的 26 处闲置民宅和 24 亩闲置宅基地开发复垦，由原农户种植，增加了农户收入，带动了农民群众从“要我拆”转变为“我要拆”。

……

在盘活利用农村闲置宅基地闲置住宅的推进过程中，经济效益、社会效益、生态效益日益凸显，武邑县乡村振兴的“一池春水”被全面激活。

“这五种盘活模式在 18 个试点先行村初见成效，目前已向全县推广。”说起农宅改革的前景，武邑县农业农村局局长石华康信心满满，“下一步我们将努力探索出更多的可复制、可推广的成功经验，为全省的乡村振兴作出武邑贡献！”

（原载2022年4月22日《衡水日报》）

“把土地托给村里，咱心里踏实！”

——景县后秦旺村无偿为无劳动能力村民托管土地小记

冬至后的第一场雪，让后秦旺村到处是一片莹白。

12 月 25 日一早，83 岁的马维新刚走进村委会大院，心里就莫名地有些兴奋。说说笑笑的村民来来往往，身上好像都罩着一层雾气，让人看得热腾腾的。

“老马头儿，你可捞着了，这两季下来得超一万五了吧！”77 岁的宋俊山一边和刚进门的马维新打哈哈，一边点着自己手里的钞票。

宋俊山一句“捞着了”，不禁让马维新想起了捉襟见肘的日子。

马维新年轻时在龙华镇一家社办厂当技术员，大半生走南闯北，见多识广。老了老了，本想着落叶归根，靠出租自家的十几亩地养活自己和老伴。可谁知包地价格逐年缩水，到后来每亩每年只给 200 元。微薄的收入让老两口的生活日渐拮据。“听说包地都是这个价，难道让地荒着？一分钱也拿不着！”

村里像马维新家这样状况的不在少数。后秦旺村现有耕地面积 1871 亩，以种植小麦、玉米等粮食作物为主。村里总共 1159 人，16 至 60 周岁劳动力人口只有 510 人，而没有劳动能力的人却占了半数多。

随着时间推移，村里老人越来越多，土地谁来种？失去劳动能力的村民生活如何保障？后秦旺村的“两委”班子一直在苦苦思索。

2020年，经过多次商议后，后秦旺村“两委”班子做出一个“大胆”决定：将村里40多户丧失劳动能力且子女不在身边的老党员、老退伍军人、鳏寡孤独老人以及困难户、五保户的土地免费托管，由自身经济条件较好的村党支部书记、村主任李长河全额垫资，成立合作社。合作社只种玉米和小麦，生产过程由合作社全程负责。小麦和玉米销售后，先扣除种子、农药、化肥以及相关的人工成本，再按照每户地亩数全额平均分给农民。

这个决定一出，像在小村庄了扔了一枚炸弹！“十里八乡没这么干的，行不行?”“办法听起来不错，可总觉得溏心……”

宋俊山的老伴那时就是公开的“反对派”。“咱自己种了几十年的地，好歹弄弄也比集体种得好！俺家不入。”然而，正准备耩麦时，宋俊山突发脑梗。为了筹措住院费，只能把年初买的种子、农药、化肥和土地打包“处理”给合作社。

半年后，宋俊山家7.9亩小麦扣除成本，共收入6300多元，不仅还上了欠账，还有余钱买药。这让他老伴不好意思起来：“这下俺信了！要不是村干部们帮忙种地，俺家就过不下去了！”12月25日这天，宋俊山又领到一笔玉米收入，全年共计10733.96元。

前有车，后有辙。村里一部分在外打工和自主经营的青壮年找到李长河，希望也能入社。

他们有的在龙华镇经营建材，农忙时不能兼顾种地和生意；有的在北京打工，往返路费就是一笔不小的开支；有的长年在外包建筑工程，浇地、打药都得找人帮忙……“自己种地没少投资，也没见多少效益。”大伙儿一扒拉小算盘，就知道怎么办了，“哪怕掏些管理费也合适。何况把土地托付给村里，咱心里踏实。

将来自己干不动了，照样能享受免费托管政策。”

为了让更多的农民从土地上解放出来、早日致富，李长河他们多次外出考察调研。在征求县农业农村主管部门的意见后，再次做出决定：把村里青壮年农民的土地也托管了，但要收取土地纯收入的6%作为托管费。托管费用除了用于几个管理者的正常日工发放外，剩下的全都留给村集体。

李长河说，县里也鼓励各村根据自身实际情况开展多种形式的经营探索。只有集体经济壮大了，才能让这种兜底保障的土地托管模式健康运转下去，让下一任、下下任村班子干起来更顺手。

李长河和村“两委”的做法赢得了全体村民的信赖。在今年4月的村党支部和村委会换届选举中，“两委”班子5人都是全票当选。

“老马呀，这一季秋玉米一共是5499元，你点点!”村会计将一沓崭新的钞票递到马维新手里。“不用点，你们办事，俺信得过!”把钱揣进贴身的口袋，马维新满是皱纹的脸上乐开了花。

和村民们拉了几句家常，马维新就颤巍巍地往外走去。“老马啊，地上有雪，慢点走!”李长河忙嘱咐着。“嗯，下雪好啊。李书记你忘了，‘瑞雪兆丰年’呀!”

倾情“水市湖城”建设 打造优质服务品牌

——衡水供电公司倾力服务地方经济发展纪实

从“漳水横流，始有衡水”到“水市湖城，羽化而出”，“三年大变样”正在为衡水这座具有悠久历史的城市翻开发展的新篇章。在全市人民万众一心，向着这个承载着美好梦想的目标奋进的时刻，有这样一个集体——衡水供电公司，战歌尤为嘹亮。电力，作为关系国民经济命脉的支柱行业，与地方经济社会发展息息相关。衡水供电公司秉承“服务党和国家工作大局、服务电力客户、服务发电企业、服务经济社会发展”的企业宗旨，以服务我市经济社会可持续发展为己任，为衡水实现跨越式发展保驾护航，为全市经济腾飞和人民生活水平提高做出了积极的贡献。

超前谋划　为“三年大变样”助力

电网是城市的重要基础设施，与城市的负载能力、环境质量、居住水平密不可分。衡水供电公司自觉将自身发展融入衡水发展大局，积极为“水市湖城”建设贡献力量，努力实现电力事业和经济社会发展的互促共赢。

随着城市的发展，金三角片区和湖东片区将是今后用电负荷增长的主要区域。衡水供电公司围绕“一湖两城”建设，超前谋划，积极跑办资金，投资 1.5 亿元建成彭杜 220 千伏变电站，工程一期建设容量 36 万千伏安，为全市经济发展注入强劲动力，既解决了该区域供电紧张的局面，又兼顾了该区域中长期发展的电力需求，还有效提高了市区电力供应的可靠性。在工程建设中，衡水供电公司从地方经济发展大局着想，主动调整建设方案，追加投资300多万元，采用新工艺，服从、服务于地方发展规划。

为进一步加快我市电力建设步伐，为我市经济腾飞和社会发展提供更加坚强的电力保障，在衡水供电公司的积极努力下，2009年10月26日，我市与河北省电力公司举行了“共同推进衡水电网建设暨城市‘三年大变样’工作会谈”，市长高宏志与省电力公司总经理孙正运分别代表双方签署了《河北省电力公司、衡水市人民政府关于共同推进衡水电网建设暨城市“三年大变样”工作会谈备忘录》，河北省电力公司将在“十二五”期间规划投资40亿元建设衡水电网，在2009、2010两年间采取重点倾斜等一系列措施，加速衡水电网建设，为服务衡水长足发展奠定坚实基础。

2009年是我市“三年大变样”的关键年，市区各拆迁区域基本同时开工建设。仅1至10月份，高压临时用电客户已达到45户，而往年最多不超过10户。此外，每月销户达到180余户、过户达到100余户。该公司紧密配合市委、市政府的工作部署，抽调骨干人员，从各项工程的勘察到验收，再到送电，全程跟踪服务。在电气设备安装竣工的当日就进行验收，验收合格立即送电，有力地支持了“三年大变样”工程。截至目前，已完成了23台直接服务于“三年大变样”工程的变压器报装工作，接用容量近8000千伏安。

“衡供速度”　为项目建设提速

“只有7天！都说衡水供电公司的服务态度好、质量优、速度快，这回我可真是体验了，‘衡供速度’果然名不虚传。”老年大学基建工程负责人，对从填写用电申请到变压器送电时间之迅速赞不绝口。原来，为加快客户用电项目的报装速度，满足城市建设的用电需求，衡水供电公司开辟了“业扩报装绿色通道”。公司要求业扩人员主动了解用户的用电需求，到现场帮助客户进行用电规划，根据项目的进展情况，指导客户在合理期限内尽快报装，以便于供电设施建设与项目建设同步进行。

“梧桐树招来了金凤凰”，市委、市政府强力推进“三年大变样”，出台了一系列优化投资环境的举措，使得众多大项目纷纷落户衡水。仅在衡水苏正工业园区，武邑冠宏金属制品公司建设新增负荷 7 万千瓦，计划于近期建成；河北冀衡化学股份有限公司建设 30 万吨离子膜烧碱项目，新增负荷 15.5 万千瓦，计划 2011 年 6 月全部投产；中铁建公司 2009 年下半年至 2010 年上半年建成投产桥梁支座和铸钢项目，新增负荷 2 万千瓦；河北钢铁集团公司一期 25 万吨冷轧镀锡薄板工程用电容量 3.15 万千伏安，新增负荷 3 万千瓦，计划 2010 年 6 月投运；河北冀衡集团与晋煤集团合作，新上 30 万吨尿素项目，新增用电负荷约 8 万千瓦，计划 2011 年开工，2013 年投产。

这些项目都有一个共同点：用电负荷大，建设工期短，用电需求迫切。面对我市项目建设步伐加快的实际情况，衡水供电公司主动服务、超前服务、零距离服务，积极开展现场调研，了解项目建设情况及用电负荷特性，帮助企业确定科学、合理的用电方案，帮助企业办理供电设施建设相关手续，做好相应的配套工作，为企业重大项目建设保驾护航，加快了项目建设进度，得到企业广泛赞誉。2009 年 12 月 24 日，河北钢铁集团衡水板业有限公司向该衡水供电公司赠送“真诚服务，共创和谐”牌匾和感谢信，感谢该公司对其项目建设的大力支持。

众多大项目落户衡水，大大加快了我市工业化进程，也给园区电力供应带来极大的压力。衡水供电公司主要领导带队开展客户走访，并召开大客户座谈会，了解客户的用电需求，通过卓有成效的工作，为项目建设护航。为缓解园区电力供应紧张的局面、满足长远发展需要，衡水供电公司向河北省电力公司申请提前建设“十二五”规划项目苏正220千伏变电站，通过不懈努力，该站被列为“十二五”电网建设计划的第一批建设项目，建设容量36万千伏安。目前，该项目可行性研究工作已启动。届时，该站将成为苏正工业园区强大的电能供应源，满足整个园区的电力需求。

细处着手　让群众用电更方便

和谐社会建设中，电是必不可少的助推器；生产中，电是强大的动力引擎；生活中，电是贴心的好帮手。供电服务，无形无影，虽无处不在，却不事张扬。正是在细节小事上为用户着想，才彰显了衡水供电公司职工“用心服务”的理念。

2009年8月23日一大早，家住市区方圆小区的张英老人就在院门口等候。原来，小区的电能表更换为电卡式的了，今天供电公司的工作人员要来小区发放购电卡。一提到电卡表，张大妈的话匣子就打开了：“以前用的那电费折子，也不知什么时候钱不够了，只能等拿到交费通知单才知道，有时候欠费了还得让人家打电话催。现在换了电卡表就方便多了，用了多少电，还剩多少电都能看得清清楚楚，连做一顿饭走几个字儿都能知道。卡上快没电了还会提醒儿，买了电一插卡，立刻就能用，又方便又省事。”

电卡表的改造不但方便客户实时了解自己的用电情况，提醒用户及时交纳电费，还可与集抄终端配合实现电能自动抄表。借助远程自动抄表系统，供电部门能够实时监测客户的电压和电流情况，及时发现设备可能存在的缺陷和安全隐患，提前采取措施，为客户提供更加快捷、优质的服务，提高了用电的可靠性和安全系数。

为方便客户交纳电费，衡水供电公司在加大营业网点建设的同时，积极拓宽交费渠道，开通银电联网、自助终端、超市代理等多种电费交纳方式，打造“十分钟购电服务圈”。近日，衡水供电公司又针对卡表用户不断增加且交费必须到营业厅的现状，立足客户实际需要，继去年初在吉美超市四家连锁店设立电费代收便民点之后，在新增吉美便利招贤路店代收点的同时，致力于技术攻关，在上述五个网点开通卡表收费业务，实现了卡表用户就近交费的愿望，“顺路交电费”已成为现实。衡水供电公司兴建的何庄用电营业厅已投入使用，路北营业厅正在建设中。

如今，“优质服务”在衡水供电公司已成为和“安全供电”同等重要的大事，已成为衡水供电公司每一位员工的自觉行为、习惯行为。在我们采访的过程中，接触到了许多紧张忙碌的职工，当问他们累不累时，回答几乎是同样的：“习惯了！”简单的回答却蕴涵着丰富的内容，“四个服务”的宗旨已成为衡水供电公司的工作标准，成为每个衡水电力人的行为准则，优质服务理念已深深扎根于这个企业和她的每一个成员心中。

（原载2010年1月5日《衡水日报》）

让世界爱上中国袜

——冀州怡青舒袜业的发展辩证法

一双小小的袜子能有多少名堂？抗菌商务袜、糖尿病足护理袜、运动按摩袜……到底是卖概念，还是确有功效？一家名不见经传的袜厂如何从生产贴牌产品，到打造自己的品牌并占领国际市场，成长为世界医保袜业的翘楚？今天，就让我们走进位于冀州区省级高新技术开发区的衡水怡青舒袜业有限公司，听他的“掌舵人”杜桂勇讲讲怡青舒的企业发展辩证法。

创业之初的“为与不为”

2008 年建厂的怡青舒袜业，当时是一家只有几台织机、十几名员工的小作坊。

为了在全国几千家袜业企业“群雄逐鹿”的局面下抢占一席之地，创业之初，杜桂勇心中就有“特色立企、错位发展”的坚持。

在带领创业团队深入全国各地袜业企业学习取经过程中，杜桂勇发现，当时国内大部分袜业企业的生产材料多是传统的棉麻，再跟进效仿，很难“突围出去”。踟蹰之际，一种方兴未艾的新材料——竹纤维，引起了他的关注。

竹纤维是继棉、麻、毛、丝之后产生的第五大天然纺织材料，具有良好的透气性，被誉为“会呼吸的纤维”。

“这个材料刚刚兴起，正符合我‘错位竞争’的思路。”乐于另辟蹊径、为他人所不为的杜桂勇找到了怡青舒的发展壮大之路。

经过一年钻研攻坚、实验生产，怡青舒的产品一上市，就凭借排汗、透气效果好，并具有天然高强度的抗菌、抑菌、防霉、除螨的特殊功效，博得了市场的一致赞誉。

要做，就要做最好。为了解决当时袜厂普遍存在袜头不整齐的问题，杜桂勇花高价在国内邀请优秀的袜子缝头工来厂里“带徒弟”。仅一年时间，怡青舒的缝头工就发展到 30 多人。“那时候，怡青舒一天能缝出上万双袜子。”杜桂勇说，“在同等规模的厂子里，很少有这么多熟练的缝头工。”

杜桂勇靠思路和决断，为怡青舒的发展定向护航。怡青舒的发展壮大，也同样推动了杜桂勇眼界和格局的提升。

“借船出海”，就是杜桂勇在怡青舒提档升级、做大做强过程中做出的又一次抉择。他主动寻求战略伙伴，要“借势发展”。2012 年，他在上海袜交会与国内十大品牌之一洁丽雅公司签订了合作业务，之后又与“七匹狼”等知名公司开展合作，建立了稳定的供应关系。

对于为大品牌生产贴牌产品，杜桂勇说：“为大公司做代加工，给怡青舒带来的不仅仅是产能的提升和高额的效益，更让我看重的是怡青舒技术、标准和理念的提升。正是这些，让怡青舒的产品质量和管理水平逐渐向国内一流企业迈进。”2013 年，怡青舒袜业在国内有了 1000 万元的年销售额。

谈到创业之初的“为”与“不为”，杜桂勇满是感慨：“现在，一些原来知名的袜业企业都沦落到买‘袜卡’求生的境地，而怡青舒却在不利的经济环境和疫情影响下实现逆势上扬，除了本地政府长久以来的大力支持，也说明我们当初‘做品质，不做低端’的选择与坚持是正确的，是对产品材料和品质的执念成就了现在的怡青舒。”

“逆”中求进的“变与不变”

2014年，国内袜业市场萎缩，杜桂勇遇到了创业以来的第一次危机。“生产出的一两百万双袜子都在库房堆着。”杜桂勇回忆说，当时的库存货值相当于前一年的销售额。

国内市场的销售困境，激发着杜桂勇为怡青舒寻求新的变革。于是，他跟随朋友去参加德国、美国的展会寻求商机。然而，正是参加医疗产品展会的经历，让怡青舒的发展前景豁然开朗。

展会上，到处寻找可以生产防滑保健袜企业的一家美国公司让杜桂勇心头一动。“怡青舒凭借过硬技术优势再次得到认可的机会来了！”

经过数次接触，怡青舒终于与这家美国公司达成合作关系。尊重市场需求的杜桂勇当机立断，引进了50台防滑保健袜生产设备，做好转型生产外销防滑保健袜的设备准备。

对欧美市场的深入考察，让杜桂勇对防滑保健袜的前景很是看好。防滑保健袜在美国属于医保报销范畴，虽需求稳定，但标准高、利润低。也正因如此，国内企业愿接单者寥寥，而小企业对质量的把控又难以满足对产品要求近乎苛刻的欧美消费者。

为确保拿下国际市场，杜桂勇带领怡青舒走上了求变之路：针对欧美消费者脚型，他们对袜口、袜底做了专门的设计，并开发出双面点胶的工艺，让怡青舒的产品成为市场上的“独家产品”；面对防滑胶极易与袜子产生化学反应导致胶粒退化变色而引发客户投诉的问题，他们花了半年时间反复实验，最终通过选用新型胶料、调整混合比例等方式攻克了这一世界性难题。此外，他们还针对欧美国家糖尿病患者增多的情况，经过技术攻关和纱线配比试验，研发出了多款糖尿病足专用袜，能够有效预防形成糖尿病足，填补了国内外市场空白……

正是这些顺应市场和消费者需求的“变”，使怡青舒将进军国际市场的防滑保健袜做成了“精品袜”“极品袜”，做到了市场无可替代的位置，并一举成为这家美国公司的中国唯一指定供应商。2015年，怡青舒袜业出口创汇 90 万美元，2019 年突破 400 万美元。

2020 年年初，又一家美国公司看中了怡青舒袜业“双面点胶”与防止胶粒变色的技术，并提出了 600 万美元的供货需求。自此，怡青舒袜业生产的防滑保健袜占据了美国医保袜市场三分之一的份额。

然而，善于思考总结的杜桂勇并没有陶醉在一时的胜利当中。他居安思危：国际贸易环境的变化、单一的订单销售渠道，都会给怡青舒带来新的危机。这也更坚定了他开发新产品、开拓美国之外市场的想法。

求“变”之路不能停歇。他们针对国外消费群体的个性化需求，设计出多种颜色的糖尿病足护理袜；针对跑步爱好者越来越多、市场潜力巨大，开发出吸汗效果超强的运动袜。“一周不洗都没有异味。”杜桂勇颇有几分得意，这样的袜子在全世界都有需求，将成为怡青舒未来开拓市场的重点产品。

2020 年 1 月份，杜桂勇带着新产品参加了在迪拜举办的阿拉伯国际医疗器械展会。糖尿病足护理袜深受世界各国客户青睐。展会现场，杜桂勇就与沙特阿拉伯、阿联酋、意大利、哥伦比亚等国的客户签订了价值 30 多万美元的订单。

“‘守正创新’是怡青舒发展的宗旨。对品质和服务的永恒坚守，是怡青舒雄踞美国医保袜市场的重要砝码；对产品和技术的创新求变，是怡青舒在市场竞争中立于不败之地的制胜秘诀。这个重要砝码和制胜秘诀什么时候都不能变！”杜桂勇说。

发展路上的“谋与不谋”

“只有生产一代、设计一代、研发一代，才能让我们一直领跑。”在杜桂勇看来，要想在激烈的市场竞争中立于不败之地，企业必须谋战略、谋长远、谋未来。

多年来，核心技术、独家产品、品质保证一直是怡青舒拓展国际市场的利器。他们先后研发出了医用防滑袜、蹦床袜、糖尿病足护理袜等多种功能性袜子，并拥有各类专利 14 项。

2020 年 4 月，习近平总书记在中央财经委员会第七次会议上强调，要构建以国内大循环为主体、国内国际双循环相互促进的新发展格局。

因时而动，顺势而为。杜桂勇再次为怡青舒的发展确定航向——占领国内的中高端袜子市场。他们重新细化了目标人群，依托世界先进的低温等离子体改性技术，针对业务繁忙的商务人士开发出抗菌商务袜；针对中老年人及足部肥胖人群开发出抗菌宽松袜；针对糖尿病人群开发出糖尿病足护理袜；针对运动保健人群开发出运动按摩袜……

对技术的执着创新，让怡青舒抗菌袜领跑国内市场。怡青舒抗菌袜系列在保证袜子拥有超强抗菌性能和耐洗性能的同时，有效降低了抗菌袜加入抗菌离子的浓度，避免了袜子洗涤后变干、变硬或不耐穿的缺点和传统抗菌袜生产过程中出现水体污染的情况。

“有健康和环保隐患的产品我们坚决不碰。长期以来，怡青舒一直在技术革新上加大投入，就是不希望以牺牲环境和健康为代价。袜子虽小，但在研发、生产、销售的各个环节，怡青舒传导的都是一种绿色健康的生活理念。”杜桂勇说，“怡青舒抗菌袜在全国率先采用了能通过遗传医学安全的抗菌技术，并且已经通过广州生物研究所的人体安全测试。”

实践是检验真理的唯一标准。抗菌袜上市之初，杜桂勇就送给许多有脚臭、脚气的朋友试穿。“连清华大学实验室的教授们都被怡青舒征服了，说家里的其他袜子都束之高阁了。”说起试用者的反馈，杜桂勇很是自豪。

对于袜子的定价，杜桂勇也有自己的考量。“冀州是怡青舒的根据地，占领国内市场，必然先要占领家乡的市场。为了既能让怡青舒高端袜子的品质和价值得以体现，又能让家乡朋友们穿上真正的好袜子，我们确定的价格区间十分合理，客户们都表示可以接受。”

身为董事长，怡青舒的每一次跃升，杜桂勇都亲力亲为。他说，“6 月中旬，怡青舒刚和清华大学及北京服装学院相关实验室签订了新型抗菌材料的开发协议。计划把新型生态抗菌技术移植到衣物纤维上，开发具有抗菌功效的内衣、T 恤等新产品。”

让世界爱上中国袜、致力成为国际一流的优秀制造商和袜子行业的领头人，是杜桂勇对怡青舒和自己的远景规划。纵览怡青舒的发展历程，无不闪耀着杜桂勇“为与不为”“变与不变”“谋与不谋”的辩证智慧。

如今，怡青舒在国内国际产业布局上已全面发力。从早期的租赁车间、作坊生产到如今的两万平方米厂房，260 余台套智能化设备，拥有袜子织造、缝纫、点胶、成品自动化包装两条完整的生产流水线，怡青舒正实现新的凤凰涅槃。目前，怡青舒公司年产各类袜子产品 2000 余万双，2021 年出口创汇 4256 万元，利税 420 万元。

岁月不居，时节如流。未来已来，未来可期。我们有理由相信，以振兴民族产品为己任的怡青舒袜业，品牌形象、品牌知名度以及市场地位都将再一次得到显著提升。

（原载 2022 年 9 月 13 日《衡水日报》）

小苹果　大未来

——记跨越发展的河北东方绿树食品有限公司

一个苹果有多少种吃法？相信绝大多数人都会觉得这个问题有些可笑。可是，这却是河北东方绿树食品有限公司的研发人员每天都在考虑的问题。“如何把苹果‘吃干榨净’？让它创造出更大的价值，把普通的苹果打造成休闲食品中受人追捧的‘健康明星’，这是我们一直在思考的。”

河北东方绿树食品有限公司，坐落在深州市大屯乡，是一家专业从事果蔬深加工并拥有自营进出口权的中型民营企业，主要生产以苹果脆片为主的果蔬产品。

深州是著名的“蜜桃之乡”，独特的水土资源和历史渊源使得这里的果树种植面积不断扩大，而相通的果树管理技术又推动了苹果等其他果树的发展，但果品产量大，销售价格低，产品加工业仅仅限于果脯、果酱、果汁、罐头等初级产品，绝大部分直接食用，成本高、增值小，直接影响着果农增收和果品产业的再发展。

当时的东方集团，已是世界上最大的内画圣诞饰品的生产供应商。然而，对农村有着深厚感情的“东方人”时刻关注着家乡的发展、关注着乡亲们的生活。看到老乡们因为频频出现卖果难无奈地砍倒果树的情况，他们再也坐不住了。在对我国苹果生产和加工现状进行了一番深入的研究之后，在家乡建一个苹果深加工企业的想法诞生了。

创业之初，他们上天津、跑北京、去“石门”，拜师求经，考察调研，在中国人民解放军总后勤部军需研究所、天津食品研究所、河北科技大学等大专院校、科研单位的大力支持下，终于成功开发了苹果脆片产品及加工技术。他们随即投资数千万元建设了5条规模化苹果脆片生产线，年加工苹果20000吨，生产苹果脆片1200吨。

苹果脆片一经投放市场，就以口感酥脆、酸甜适宜、营养丰富、非油炸、复水性好、便于储运等优秀品质得到了行业权威部门的认可和广大消费者的好评。当年创产值8000万元，出口创汇1500万美元，帮助农民增收近千万元。苹果脆片生产的成功不光换来了乡亲们的笑脸，还为企业的发展拓宽了思路，增强了后劲。

多年在国际市场上打拼的经验让“东方人”深深懂得，无可挑剔的产品质量，是其长期在市场上保持旺盛生命力的第一保障。因此，他们在选料、生产加工和包装等各个环节都制定了严格的标准和要求。在此基础上，他们先后通过了河北省科学技术厅组织的科技成果鉴定和质量管理体系（ISO9001：2000）认证、食品安全管理体系（HACCP）认证、环境管理体系（ISO14001：2004）认证、清真（HALAL）认证、犹太洁食（OU）认证、全球食品安全标准（BRC）认证，并获得美国食品和药品管理机构（FDA）注册和有机产品认证。一系列产品安全的认证，为苹果脆片在国际国内市场上的竞争提供了有力保障。2008年，在北京召开的全国食品工业标准化技术委员会第17次会议上，河北东方绿树食品有限公司又作为主要起草人，与国家果类及农副加工产品质量监督检验中心共同起草制定了《非油炸水果、蔬菜脆片国家标准》，经与会专家评委和国标委审议通过，并由国家标准化委员会正式颁布实施。这奠定了河北东方绿树食品有限公司在果蔬脆片生产行业的领跑者和创始人地位，更成为其产品参与市场竞争的有力砝码。目前，他们生产的苹果脆片产品已远销欧美、东南亚等 50 多个国家和地区，在国内已进入 2000 家大中型超市，并成功进入“中航”“上航”“东航”“南航”等国内五大航空公司和香港国泰、德国汉莎、日本全日空等著名国际航空公司的配餐食品领域。同时，他们和解放军总后勤部军需所合作开发的“军用脱水水果”先后通过了中巴边境、中俄边界以及海南岛的极限适用性测试，并于 2009 年 4 月通过了部队相关机构的鉴定，开始装备部队。

然而，“东方人”并没有就此止步。他们积极开发新产品，增加项目储备，积蓄发展后劲。他们运用独特的配套生产技术，将苹果脆片加工剩余的鲜果原料经过榨汁发酵生产了苹果原醋和苹果醋饮系列产品，利用果皮提炼果胶，果籽生产果籽油，并将榨汁后的残渣生产成高档饲料添加剂和动物饲料，既杜绝了污染，又提高了资源利用率，形成了紧凑的经济循环链条，从而提高了企业的市场应变能力和抗风险能力。

2008 年在全球金融危机的不利影响下，河北东方绿树食品有限公司在危急中抓住机遇，利用相关物资价格走低的机会，加大基地投资力度，在投资 1510 万元建设 5 条苹果脆片生产线后，又投资 300 多万元从意大利引进两台自动化果核（皮）设备，新建了 4 个果醋储罐，使果醋储存能力增加了 200 吨，为公司在下一轮竞争中储备了能量，抢占了先机。

2009 年，河北东方绿树食品有限公司成功转化苹果 21500 吨，销售收入达 5000 多万元。长期以来，他们采取与专业大户、中介组织、乡村组织签订合同的方式，促进了农业产业化的发展，带动了农民增收致富。每年与他们建立果品购销关系的农户始终保持在 6000 户以上，农民年增收 1000 多万元。他们还积极扶持无公害果品建设，免费为农民提供资料、设施、器具等，聘请专家无偿提供技术咨询和服务。同时，还为农村剩余劳动力提供了近3000个就业岗位，也带动了运输、冷藏、通信、餐饮等相关产业的发展。

后记：

采访中，河北东方绿树食品有限公司董事长王立军有过这样一段表述：企业与社会的关系，就像大树和土壤。首先企业从社会获取营养，自身开始发展，然后不断地回报社会，使得环境的土壤更加肥沃，然后再汲取更多的社会资源，从而完成新一轮生命周期的循环。事实上，回报社会也是这种内在规律使然……

河北东方绿树食品有限公司的成功，不仅为当地财政增收做出了贡献，为农民搭建了致富平台，带动了当地农业产业化的发展，还让社会看到了一个创造有良知的财富的企业家深深的责任。

（原载2010年4月6日《衡水日报》）

第四章

凡人微光

去年7月，一张署名“众福”的汇款单寄到了景县温城乡油坊村。前不久，“众福”又寄来第二张汇款单，村民们想知道他是谁——

“众福”寄幸福

“‘众福’又给我们汇钱来了，我们油坊村的老百姓虽然不知道他的真名是什么，也不知道他到底是谁，可我们从心底里感激他!”景县温城镇油坊村的村主任李国诚，一见到记者便这样说。

据李国诚介绍，这个自称“众福”的人，曾经在2004年7月给村里汇过1000元钱。当时，村里人都觉得很奇怪，但更多的是感激。尤其是那些得到帮助的农户，对这个不留名的恩人感激不尽。油坊村的干部们为了弄清楚这件事，曾找过好多村里上了年纪的人询问，但谁都记不起这样一个人。由于“众福”是化名，而信封上又只有“天津市大理道津坊里3号”这个地址，所以想查明“众福”的身份就犹如大海捞针，一直都没有成功。村里只好按照“众福”信中的要求，把钱分给了村中的困难户和刚刚有孩子考上大学的人家。

在李国诚家，记者看到了今年1月的来信：

党支部、村委会：

我是众福，是本地土生土长的乡下人，离家几十年了，父老乡亲仍未忘记。去年曾给油坊村寄了1000元，今年再寄 1000 元，请你们决定分配给年老的、有病的生活困难户，（让他们）过个好年。我不要报答，也不要问我真名。

几句简短的话，体现出了这位游子的思乡之情。李国诚将信和汇款单当作宝贝一样地收藏。他说：“这次我们还要按照‘众福’的意愿把钱分给村里的困难户。而且，年前我准备和村中有威望的人一起去一趟天津，去找找、看看‘众福’这位老兄，去把全村人的感激都捎给他，并希望他能回家来看看，来住一阵子。”

“众福”给村里困难户汇钱的事，油坊村是无人不知、无人不晓。大家都说：“从没见过这样的好人，如果能见到他一定要向他当面道谢。”一位小伙子说：“说起‘众福’的事，我们都很感激。一个远在天津的老乡都能这么关心村里的困难户，更何况我们这乡里乡亲的了，你说是吧？”

（原载 2005 年 1 月 31 日《衡水日报·晨刊》，获第二十届中国地市报新闻奖二等奖）

本报曾以《“众福”寄幸福》为题，报道了一位自称“众福”的好心人连续两年给景县温城乡油坊村汇款的事迹。为了弄清楚这位好心人到底是谁，春节前夕，油坊村的村主任李国诚和村里的老党员李殿平奔赴天津，揭开了“众福”之谜——

“众福”虽古稀　桑梓情未已

“一定要揭开‘众福’的身份之谜!”春节越来越近，油坊村的村主任李国诚的这件心事也越积越沉。腊月廿二一大早，李国诚就和李殿平收拾好行装，带着全村人的希望踏上了开往天津的汽车。

“希望事情会很顺利。”一路上，李国诚和李殿平都在心里这么念叨着……“天津那么大，那么多人，就凭着‘天津市大理道津坊里 3 号’这样一个地址和一封短信，我们能找到吗?”李国诚和李殿平嘴上不说，可他们心里都在敲着小鼓。可是一想到“众福”连续两年给村里汇款的高尚行为和村民们企盼的眼神，他们的信心就又坚定起来，“我们还要代表大家向‘众福’当面道谢呢!”两个人互相鼓励着。

到了天津已经是临近中午时分，李国诚他们一刻也不敢耽误，直奔“大理道津坊里 3 号”。

等他们赶到那里已经是中午 12 时多了。确定了地址没错，李国诚他们两个就一家一户地挨着敲门、询问……这里是一座楼房，好在是中午，几乎家家户户都有人，可是大家都说不出“众福”是谁。只有2楼的一位住户说，“3号楼的一位叫张建忠的住户好像说是衡水景县的，可他已经73岁了，而且已经住院好几个月了，家里一直都没有人……”“一定要找到这家人!”李国诚和李殿平感觉马上就要找到他们日思夜想的“众福”了。

李国诚他们连忙询问是否知道住的是哪一家医院，可是，整栋楼里也没有人知道。还好，这位住在2楼的邻居还知道张建忠的一位亲戚的住址，就给李国诚他们画了一张草图。

这张简单的地图可难坏了李国诚和李殿平，天津的街道和方向连本地人有时也弄不清楚，更何况他们两个。“这样找下去不是办法。”李国诚他们商定，还是从附近的医院下手，于是他们就来到了离“大理道津坊里3号”最近的天河医院。

和院方说明了来意后，医院马上帮他们从微机里调出了住院人员名单。“张建忠”三个字映入眼帘，李国诚和李殿平兴奋不已，“姓名、年龄都能对得上，肯定是他!”

李国诚他们来到4楼张建忠的病房，正看见一位老者的家人在收拾东西，好像准备出院的样子。他们连忙走入病房，向老人说明来意。他们一看到老人很激动，他们就知道眼前这个斜靠在病床上的老人是他们要找的“众福”，李国诚和李殿平的心里久久不能平静，“没想到给村里汇款的‘众福’竟然自己也躺在病床上……”

当李国诚他们把油坊村全体村民赠给“众福”先生的一面写有“情系桑梓、情暖故园”的锦旗送到张建忠老人手上时，老人的双眼湿润了。据张老先生讲，他的外婆是油坊村人，他从小在村里长大，和村里的人们有很深的感情。自己现在老了，退休了，反而更加思念故乡的一草一木。所以就想为家乡的父老乡亲做点什么，于是就想了这样一个办法，希望能帮村里的父老解决些困难。第二次汇款时，他已经躺在病床上了，是让女儿代替他去的。可是，他没想到，家乡的亲人会找到这里来，能让他在天津和来自家乡的亲人团聚。他希望等自己身体好些了，能到家乡去看一看。

李国诚对记者说，张建忠还表示，他现在虽然不能回家乡看看，可是，只要他活着，就会年年给家里的父老乡亲寄钱。虽然，这不能帮什么大忙，可这代表着一颗游子的赤诚之心。

（原载 2005 年 2 月 18 日《衡水日报·晨刊》）

吉林“老兵”衡水“寻亲”系列报道

六十五年思念苦　银线联起两地情

“喂，淼森吗？我是65年前在你们家住过的号兵宋述分。好兄弟，你还记得当年吗？……”伴随着电波，81岁的吉林老人宋述分，终于和阔别了65年的“盟弟”——武强县西王庄村的77岁老人石淼森通上了电话。65年的离别，半个多世纪的思念，两位老人哽咽失声……

说起两位老人的相识，时光要倒回到1940年。

当时，16岁的八路军战士宋述分随部队驻扎在武强县西王庄村。部队的营部设在姓石的一户百姓家中。由于年龄相仿，宋述分和另外两个小战士很快就与房东的儿子、儿童团团长——秒身（音，后省略）成了要好的朋友。在营教导员的主持下，这3个小战士和房东的儿子义结金兰，由要好的朋友变成了一生的兄弟。在和日军的一次战斗中，宋述分受了重伤，子弹穿胸而过，血流不止，被战友救下时，他已不省人事。醒来后，他发现自己躺在老百姓家中，一位50多岁的老奶奶日夜守候在他身边。老奶奶藏起他的血衣，在床前放了一个灰盆说：“敌人来了，你就说是我孙子，得了传染病不能见人。他们要问，你就说咱家姓史（音），你爹和兄弟都在天津。”史（音，后省略）奶奶家没有多少粮食，她自己吃窝头，却给宋述分弄来白面烙饼，还煎了鸡蛋。在史奶奶的精心照料下，宋述分的伤势很快好转，20多天他就告别了史奶奶，被集中转移到冀中军区后方医院。第二年，部队从西王庄附近路过时，宋述分还请假去看望过史奶奶，感谢史奶奶的救命之恩。后来，由于部队转战到其他地方，他也就再没见过史奶奶和秒身兄弟。

人虽离开了，可思念却与日俱增。在以后的日子里，宋述分无时无刻不在惦念着史奶奶和“小房东”兄弟秒身。解放后，宋述分留在吉林工作，远在千里之遥的他，想联系上衡水的“亲人”真是难上加难。后来，通信方便了，但由于事久年深，询问过许多部门都没有结果。

今年是抗日战争胜利60周年，清明节前夕，宋述分对史奶奶和盟弟的思念日益加剧，每次想起来都泪流满面，并且因为思念远方的“亲人”住了院。

宋述分的女儿宋丽把这些看在眼里，急在心上。宋丽说：“从小我就听父亲讲史奶奶和秒身叔叔，我想见见他们，更想帮父亲圆了这个多年的心愿。我听说衡水市政府政务中心的工作态度好、办事效率高，就辗转联系到了他们，希望他们能帮我完成父亲的心愿。”

清明节这天上午，在市政府政务服务中心规划局窗口工作的邢建新接到了宋丽打来的电话。在详细记录了宋丽所说的每一个细节后，邢建新向她承诺：“你放心，我们衡水政务服务中心一定会尽全力帮助你寻找这个人，有消息后会尽快和你联系。”

挂了宋丽的电话，邢建新立即向同事们询问，当了解到质监局窗口的李国斌的大哥李国珍曾在西王庄一带做了多年农村工作后，马上拨通了李国珍的电话，并从李国珍那里证实：“西王庄好像是有‘秒身’这样一个人。”

在通过电话联系进一步确认了确有“秒身”其人后，邢建新和李国斌立即向单位领导作了汇报。此事得到了领导的高度重视，并派他们两人立即去武强见一下“小房东”秒身。

4 月 8 日一早，邢建新和李国斌赶到了武强，和当地的同志们一起找到了“秒身”家。

原来，老人叫石淼森，正是宋述分的“盟弟”。看着邢建新他们拿来宋述分的打印照片，77 岁的石淼森老人被泪水模糊了双眼……

邢建新急忙将石淼森的电话反馈给宋丽。这样，才有了开头两位老人那跨越半个多世纪的通话。

（原载 2005 年 4 月 18 日《衡水日报·晨刊》）

真心实意谢衡水

“感谢政务中心的邢建新等几位同志，真没想到，过去这么多年的事了，他们找得这么快，这其中的辛苦和艰难我是可以想象的。我父亲和我都非常感谢他们，也感谢政府培养出这么优秀的人民公务员。”远在长春的宋丽女士在打给记者的电话中道出了一连串的感谢。

4月18日，本报以《六十五年思念苦　银线联起两地情》为题报道了81岁的吉林老人宋述分和阔别了65年的“盟弟”武强县西王庄村的77岁老人石森森通上电话一事。近日，长春老人宋述分的女儿宋丽女士又给记者打来电话、发来电子邮件，以表示他们父女对衡水人民的感谢。

宋丽在电话中向记者讲述了他们父女寻找衡水“亲人”的经过。

宋丽说，3月11日长春日报社曾以《八旬老兵想去祭奠“救命奶奶”》为题，报道过宋述分想寻找在抗日战争中，把他藏在家中养伤的“救命奶奶”一事。在抗日战争胜利60周年的这个清明节前，她父亲对衡水“亲人”的思念日益加剧。“老人经常想着想着，就会流出泪来。”而且，老人还因为思念住了院。

为了早日实现父亲的愿望，宋丽一边照料病中的父亲，一边根据父亲回忆的细节，整理了不少资料。为了扩大寻找线索，她又在“衡水热线”网站上发出了“寻找武强人”的救助帖子。没想到她发的救助帖子很快就得到了很多好心人的回复，一些热心人根据她提供的细节又找到了不少线索，还有人把衡水市政府政务服务中心的电话告诉了她。其中，武强县皇甫村的程志平，就是她在网络联系到的人，程志平曾亲自骑自行车到西王庄帮她找寻淼森老人。

在政务中心采访时，邢建新的话很朴实："寻人电话是我接的，这件事我就要负责到底。如果换了其他同志，我想他们会比我做得更好。"另一位寻人的"主力军"李国斌说："这对我们来说是一项工作，可对于老人来说却是一辈子的心愿。这个心愿能否实现对老人来说是分分秒秒了，所以我们必须时时刻刻！"

市政府副秘书长、市政务服务中心主任陈希春在接受采访时表示，为发挥好政务中心为民服务的平台作用，他们一直把"首问负责制""群众利益无小事""做群众的贴心人"等作为对中心工作人员的基本要求。像邢建新、李国斌这样的工作人员在中心还有很多。同时，在寻人过程中他们也得到了武强县委、县政府的大力支持。

4 月 18 日中午，记者再次拨通了宋述分女儿的手机。宋丽在电话中说："我的父亲得知有这么多的好心人在帮助他寻找'救命奶奶'后非常激动，他一直在嘴里念叨着'感谢老区的人们！'。联系到淼森叔后，父亲的心情一直都很好，恢复得很快，今天上午已经出院了。他让我再次向你们表示感谢。"

在此，本报谨代表吉林老人宋述分和他的女儿向给他们提供过帮助的人们表示衷心的感谢。他们分别是：衡水市政府政务服务中心邢建新、李国斌，武强县政府办公室王品芝，武强县政务中心李保胜，武强县粮食局李国珍，武强县皇甫村程志平。

（原载 2005 年 4 月 23 日《衡水日报·晨刊》）

期待与“盟兄”团聚

“当时我还是个10来岁的孩子，在这儿的驻军是冀中军区8分区23团，司令员是吕正操。在我们家住的是营部，营长叫贾士珍，教导员叫曹颜坡……”4月19日，在武强县西王庄村的一个农家小院里，77岁的石森森老人给记者讲述了65年前他和宋述分相识的故事。

“当年，营部在我们家住了好久，我们几个差不多大的孩子就成了朋友。指导员看我们几个小孩儿关系好，就让我们结拜了兄弟。有电话员吴桂然、勤务员陈绍宗，老宋是号兵，还有我，当年我最小。后来在一次战斗中，老宋受伤很严重……”事情过去60多年了，可说到这里泪水还是湿润了石森森的眼睛。“他被送回来的时候浑身是血，大家都以为他快不行了，我父亲照料了他一天后，他就被送走了。按照老宋所说的，应该是送到了史（音）奶奶家了。可从那以后，我们兄弟就音讯全无。直到政务中心的邢建新找到我，我们兄弟才又有了联系……”

说话间，老人还把他这些天写的一些东西拿给我们看：“结拜”“失散”“思念”，每一页都留下了老人颤抖的字迹。半个多世纪的离别，65年的思念，远不是这几页纸、几句话就能承载的。翻到第四页时，“团圆”两个大字赫然映入记者的眼帘，余下的却是一片空白。“等老宋回来以后，我再把它写完。”老人的话，音调不高但却清晰而有力。

当记者把“宋述分已经出院”的好消息告诉石淼森时，老人的眼睛里突然一亮，“他什么时候能回来？到时候我们一起去找‘救命奶奶’。”“当年，给八路军养伤员都是秘密的事情，而且这么多年过去了，所以找‘救命奶奶’的事进展并不是很顺利。我希望老宋回来后，我跟他一起沿着过去的老路走一走，或许对我们找到‘救命奶奶’能够提供些帮助……”

希望团聚的急切心情都写在了老人脸上，我们也祝愿老人能够早日团聚。

同时，我们抄录了石淼森老人写的一首小诗，希望可以借它表达一下老人的期盼心情：宋（送）如手足兄，述说久别情，分有数十载，留有幸存人，念念不忘亲。

（原载 2005 年 4 月 25 日《衡水日报·晨刊》）

“我们全家都等着老宋的到来”

5 月 31 日上午，带着吉林“老兵”宋述分即将赴衡“探亲”的好消息，记者和市政府政务服务中心规划局窗口的邢建新、质监局窗口的李国斌再次驱车来到了武强县西王庄村石森森老人的家。

在记者眼中，石森森老人依旧精神矍铄，而且笑容更加灿烂。一见到记者，老人就紧紧握着记者的手说：“感谢《衡水日报》的记者把我们那往日的故事写得如此的生动。抗日战争时期，八路军和老百姓的鱼水深情是永远不会被忘记的，我们希望更多的人能够知道我们的故事，也希望人们都不要忘记那段历史。”

在交谈中，石森森告诉记者：“我收到了侄女宋丽寄来的信和照片，知道他们 6 月份要来，我非常高兴，我们全家都在等着老宋的到来。”石森森的二儿子石振坤也说：“知道宋伯伯一家 6 月份要来，我已经停了手里的木工活，准备收拾收拾家里迎接他们。到时候我要领着宋伯伯一家到处转转，看看他当年生活战斗过的地方。”当问及石振坤为什么也会对此事如此激动时，他说，其实他对宋述分和他父亲结拜的事情一点儿也不陌生。小时候，他的奶奶就经常对他们几个小孩子讲起那段往事，并告诫他们一定要记住这件事，如果石森森这一代人不能够再见面的话，希望在后代身上能实现这个愿望。

77岁的石淼淼拿着老哥哥宋述分的照片时，手不禁有些颤抖。他对记者说："小时候经历的事情，就像是在石头上刻字一样是永远不会忘的。我们结拜的时候，老宋16岁，我12岁，那时的老宋可精神了，再穿上军装，戴上军帽，那叫一个'俊'。当时我可羡慕了，经常跟在他后面，希望能让我吹吹军号，可能是因为我太小了，只能吹出咿咿呀呀的声音，就像小孩子刚学说话时一样……"说着，说着，老人就陷入了对往事的深深回忆之中。

在此，本报祝愿两位老人能够早日团聚，让我们共同期待着这跨越65年的团聚吧。

（原载2005年6月6日《衡水日报·晨刊》）

“老兵”探亲昨日启程

从4月初至今，吉林“老兵”宋述分与武强“盟弟”石森森经历了两个半月的“寻亲”与“盼亲”，6月17日下午3时，宋述分老人同老伴终于在与儿孙的陪伴下踏上了南行的火车，迫不及待地向衡水进发了。

在宋述分老人临上火车前，记者与老人的女儿宋丽女士接通了电话，她说：“父亲急着要走，总是在催促我们快点儿启程，这次家里面想跟着父亲一同到衡水‘探亲’的人特别多，但是父亲不允许，怕给石森森老人家里添太多的麻烦，经过‘严密筛选’才决定让我与一个小侄子陪着同去，我们也盼着能快些见到衡水的亲人们。”

石森森老人自从得知“盟兄”一天后就要到来的消息，一直高兴地忙碌着，为远方的故人准备住的、用的，又派孩子们去找车，说一定不能误了明天到火车站去接人，森森老人的儿媳妇素玲告诉记者，细心的老人还专门准备了一束鲜花，要在明天接人的时候献给老哥哥。

宋述分老人一家将于6月18日早晨到达衡水，让我们共同期待着这次65年之后兄弟相聚激动人心的一刻。

（原载2005年6月18日《衡水日报·晨刊》）

我回来了，我的家乡！

经过近 3 个月的苦寻与期待，6 月 18 日 8 时 48 分，吉林“老兵”宋述分终于在家人的陪同下，来到了他期盼已久的衡水，这片他曾经生活过战斗过的土地，而他要找的“盟弟”石森森老人在武强县委宣传部领导的陪同下，也已在站台上激动而又焦急地等待了许久。到后来兄弟相见、回家、怀念……我们跟随着两位老人，记录下了每一个让人为之动容的真情瞬间。

接站

81 岁高龄的宋述分老人手拄拐杖，缓缓走下车厢。他这一步跨过了 65 年的光阴，再一次来到了无数遍出现在梦境中的“家乡”，而眼前的一切，早已不是当年模样，就连印象中那个常常搂脖子抱腰缠着自己的小弟弟森森也已然年过七旬，满头白发了。森森向前迎过去，两位老人孩子般地抱头痛哭起来。

“森森，我终于回来啦，65 年啦，我想石叔石婶，我想你呀……”

“老哥哥，我也想你呀……”

“森森，你耳朵也有点儿背了，说话老打岔……”

“老哥哥，你还不是一样，想当年你还是十几岁的英俊少年，背着小号，飒爽英姿，可如今你也老了，我们都老了……”

两位老人互相搀扶着，慢慢走向出站口，“老哥哥，累不?

歇一会儿吧!”

“不累，平时我走不了这么远，可现在不一样，现在到家啦，衡水不是一般的地方，这是我战斗过生活过的地方，是我的家乡!“父母官”也来迎接我，我心里高兴啊！现在比什么时候都有劲!”

“老人家的精神状态的确很不错，”宋述分老人的女儿宋丽女士说，“昨晚在火车上，父亲12点后就没有睡着，离家越近，他就倍觉亲切，毕竟他盼这一天，盼了太久了。”

回家

坐在回武强县的车上，宋述分与石淼淼两位老人一直手拉着手，一起回忆着儿时的事情。

“老哥哥，喝口水，别累着，歇会儿再说。”

“不累呀，淼淼，我这一回来，你知道有多少话要说，你让我歇会儿再说，可到了亲人面前，这话是堵都堵不住，从心里往外冒啊!”

快到西王庄时，宋述分老人的眼睛亮了起来。他指着窗外路过的大王庄说:“虽然现在都是高速公路，看不到当年的土路和牛车了，可这个村子，曾经是团部的驻扎地。”

车一直开到了石淼淼老人的家门口，宋述分老人下了车激动地指着旁边的一处旧宅说:“这是原来的卫生所!”又指着不远处的一家门口，拉着石淼淼老人的手说:“到家了，变化太大了，当年可没有这些房子，那时都是蓝砖房，淼淼，你还记得吗?当年，抬我的担架，就停在这家门口……”

看着围过来的乡亲，宋述分老人眼里含了泪水，动情地说:“武强的人民就是爹娘，多少年来，我想家乡，想乡亲，想我的‘救命奶奶’，想你们。今年我81岁了，回到这里心情非常激动。

我带着我的孩子们来，就是要子孙不能忘记这里，要记住衡水，记住武强，我就是西王庄人啊！我在这里问乡亲们好！”说罢，老人向着乡亲们深深地鞠了一躬。此情此景正如老人现场作的那首诗：“旧地重游格外亲，拜访盟弟石森森，先人已乘黄鹤去，念念不忘救命恩。”

怀念

坐在森森老人家的北屋里，熟悉的环境，让宋述分老人打开了记忆的闸门，“当年，我与森森就是在这里结拜的，教导员为我们举行了一个简单的仪式，告诉我们说‘你们要有福同享，有难同当，团结起来打鬼子！’那时候我的石叔石婶呀，对我就像亲儿子一样，每天早饭，我都能吃到一小盘他们做的豆豉，那味道我至今也没有忘记。还有我那满头白发的奶奶（森森老人的奶奶），我记得当时受伤的时候，奶奶守着我，摸着我的头，泪水涟涟啊。后来我攒下 1 元钱，为奶奶买了只烧鸡，供奉她老人家，她就是我的亲奶奶。还有我的‘救命奶奶’，她家就住在这里往东二三里地……这就是军民鱼水情，骨肉情啊，有叔、婶、奶奶支持我，有千千万万的乡亲支持我们，才打败了鬼子！”说到这里，坐在旁边的森森老人眼眶里盈满了泪水，怕哥哥太激动，忙递过一块西瓜，劝说他休息一会儿再说话。老人接过西瓜说：“本来不能吃，因为我有糖尿病，但是这家乡的西瓜，我一定得吃，家乡的西瓜格外甜啊！”

“老战友来看你了！”随着喊声，一位 83 岁佝偻着背的老人走进屋，他也是当年 23 团的战士。老战友见面分外亲，宋述分老人亲热地喊了一声：“大哥！”二人谈起当年都彼此熟悉、而今已不在人世的老战友，谈起了当年这里战斗时的情形。谈话中宋述分老人又一次回味了当年那艰苦、危险，而又充满老区乡亲们亲情的岁月。

担心

虽然宋述分老人的精神状态很好，但是他的家人还是很担心。老人患有心脏病、糖尿病，从去年 10 月份到今年 5 月份共住了 6 次院。这次来衡“寻亲”，是一件让人情绪激动的事情，天气又热，所以家人对老人照顾的非常细心。老人也是极力抑制着自己的情绪，不敢过分激动。

宋述分老人 75 岁的老伴，这次也陪同他一起来衡水，主要就是不放心他的身体。她说：“本来是刚刚病愈出院，精神不是很好，可自从与淼淼通过话后，他的精神就一直特别好，不过毕竟年纪大了，现在每天除了吃药，我还得早晚给他打针。”

老人的大孙子宋扬说，“我原本不愿让爷爷来，他这么大年纪了，身体又不好，可这是爷爷多年的心愿。我也知道，如果没有当年的‘救命奶奶’，就没有今天我们的全家，所以我陪爷爷来，既能照顾他，也能看看老区，祭奠‘救命奶奶’。”

老人以前曾经做过号兵，来衡之前，曾在《长春日报》上登了一则征集小号的消息，想回到衡水以吹号的形式祭奠他已故的战友们，可因为身体的原因，也被劝阻了。

从长春上火车直到回到淼淼家里，因为情绪的激动，宋述分老人一直没有休息好。虽然他表现得精力充沛，可过度劳累对老人的身体还是会有影响，寻找“救命奶奶”一事，被老人的女儿宋丽定在了 19 日。届时，老人远在上海的儿孙也将来衡共同祭奠“救命奶奶”。那又将会是怎样一个感人的场面呢？

（原载 2005 年 6 月 21 日《衡水日报·晨刊》）

奶奶，我来看您了！

全家福

6月19日上午11时30分，宋述分52岁的儿子宋白山与26岁的孙子宋磊，专程从上海赶到了武强西王庄。他们也要来看看这无数次被老人家提起的“家乡”。

宋磊告诉记者，他觉得爷爷的经历富有传奇色彩。爷爷到了晚年对衡水这片土地昼夜思念，常常想得掉眼泪，我们问他，您怎么哭了，他就把这段故事讲了出来。原本不知道爷爷要来，是姑姑打电话才知道的，宋磊也特别想到这里看看，何况自己也是军人，更想亲身感受一下老区的气氛。单位非常支持他，特别为“探亲”的事儿，批给他9天假期，赶上抗战胜利60周年，此行就更有意义了。

19日下午，宋述分老人一家六口和石森森老人全家，将近20口人一起站在家中的院子里，照了一张全家福。从81岁的老人到两三岁的孩子，跨越了时空，跨越了地域站在一起。这张照片将是历史的见证，也是抗战胜利60周年的一桩美谈。

寻奶奶

19日下午4时许，在森森老人的陪伴下，宋述分老人沿着村子的土路，开始打听“救命奶奶”的讯息。如果“救命奶奶”

还活着，那么她已经一百二三十岁了，宋述分老人想，此行只要能够找到她老人家的坟，祭拜一下就心满意足了。

穿过一片刚刚割过的麦子地，宋述分老人与一位在树下乘凉的 82 岁老人攀谈起来，“原来这边都是场，西北角上有两间小土房……”可问起关于“救命奶奶”的事儿，乘凉的老人遗憾地表示他并不清楚。

又往前走了一段路，许多乡亲跑出来看这位寻亲的老人，老人逢人便讲，“1940 年麦收时候我受了伤，当时穿一件土黄色的衣服，带着一个笔记本，本上被枪射了一个洞。奶奶说，鬼子要是来了就说我得了传染病，不能见人……”可大家都早已记不清当时的情景了。

一位 77 岁的老支书，领着老人来到了一处房子前。他说原来这里有两间土坯房，独门独院，里面住着一位瘦瘦的老奶奶，她的名字叫于德水，是当年的堡垒户，1945 年的时候她还交上来过一支枪。老奶奶没有后代，她死后就埋在这个村子里……老支书边说，边用手指在地上画了房子当年的结构。“史奶奶”人瘦瘦的，也是这样的独门独院，当时她说自己在天津有儿子，也许是为了骗鬼子的。“水奶奶”也是瘦瘦的，房子位置与特征又与“史奶奶”的房子相似，莫非这位“水奶奶”就是当年的“史奶奶”？再看那房子，昔日的土坯房早已变成了红砖瓦房，唯一可以找到些当年痕迹的就是这房子的围墙还用破旧的土坯砖垒成。当年，为了保护战士，也保护自己，堡垒户们工作都非常保密，有时还需要编一些故事作为掩护。“水奶奶”的许多特征都与“史奶奶”非常相似，宋述分老人相信，这次自己是找到了日思夜想的“救命奶奶”。

祭奶奶

村子南边的一块空地上，有八九个坟头，这些坟里埋的老人都没有子孙后代，时间一久，坟也就荒了，不知道哪个坟是谁的了。宋述分老人嘱咐家人在那几座坟前站成两排，面向北方，动情地说，“奶奶，我想您想了好几十年找不到您，今天，终于找到了，多少年的挂牵啊，您一口水一口饭地把我救活，您的恩情，我永远也不能忘，今天，我带了我的家人、子孙们来看望您，我要他们都不能忘记您，他们就是您的子孙啊，您安息吧，我给您敬礼了……”老人悲痛地打着敬礼，身后的孩子们凝重地低着头，不知道那一刻，他们是否在心里向“救命奶奶”叙说着什么呢？

宋丽女士也神情肃穆地对“救命奶奶”说，“老奶奶，武强是革命老区，是你们老区人民无私地支持，才有了我们的今天。您安息吧，如果您地下有知，相信您也会感到安慰的。当年您救下的小战士，今天看您来了，找到了您，他多少年来的心事也终于放下了，我们给您鞠躬了，一鞠躬、二鞠躬、三鞠躬……”

事情至此，似乎可以画上一个圆满的句号了，宋述分老人见到了儿时结拜的“盟弟”，祭奠了“救命奶奶”，重游了当年战斗的地方，了了自己的心愿。而我们的追踪报道，也要告一段落了，可回想起来，从“寻亲”开始，到老人终于找到“救命奶奶”，我们也是“寻亲队伍”中的一分子，同宋述分老人同样地感受着期盼，激动，喜悦，哀思……所不同的是，从宋述分老人身上，我们还感受到了一名老兵对衡水深深的情谊，和他那颗感恩的心，让我们一起祝福这位 81 岁的老人吧，祝愿他能够健康长寿，安享晚年。

（原载 2005 年 6 月 22 日《衡水日报·晨刊》）

离别，是为了再次重逢

有相聚就有离别，6 月 20 日下午，寻亲而来的宋述分老人满怀着依依不舍，离开了武强西王庄。此行对于他来说，既圆了自己多年来的心愿，又为子孙后代种下了一颗感恩的种子，老人真挚地说，“明年，我还要来!”

老人的女儿宋丽说，“父亲在武强的这几天特别高兴，身体状态也很好，淼森叔特意让学医的孙子石旭鹏寸步不离地陪在我父亲身边，本来父亲想在武强多住几天，可是又考虑到，这样住下去，要给淼森叔全家添许多的麻烦，高阳那边又正好有车来接我们（高阳是宋述分老人的老家，他也曾在那里打过四年游击战），所以，我们才决定要离开这里了，虽然与武强乡亲们相处了只不到三天，可武强人热情好客，憨厚朴实给我留下了特别深刻的印象，尤其是淼森叔一家人，就像我们的亲人一样，将来有机会，我一定还会回来看望他们的。”

离开武强之前，20 日上午，宋述分老人一家参观了武强年画博物馆。看着博物馆里那些熟悉的年画，宋述分老人就像回到了童年一样，想当年他在武强的时候，西王庄的家家户户逢年过节都是要贴年画的。而宋丽女士则感慨道，武强不愧是个文化名城，以前也听说过武强年画，今天亲眼见到了，才知道，武强年画的文化底蕴实在太丰厚了，每一幅年画的背后，都有着说不完的故事。淼森老人的女儿石振芳，还买了许多年画，送给了宋述分老人一家留作纪念。

相聚时的欢乐总是显得那么短暂，20日下午，时针毫不留情地指向了离别的时刻，老哥俩儿互相拥抱着，流着眼泪说，明年，一定要再相见，再一起去祭奠奶奶……森森老人将自己家全体成员的姓名，以及简历整理成小册子，送给了宋述分老人，他们是要把这份情谊世世代代地流传下去。

车子开动了，两位老人的不舍之情溢于言表，宋述分老人频频回头张望，眼看着站在路口向他挥手的弟弟慢慢消失在视野中，不禁又喃喃自语道："家乡的土热，家乡的水甜，家乡的人亲，家乡的月圆啊……"

（原载2005年6月23日《衡水日报·晨刊》）

（该系列报道获第二十届中国地市报新闻奖三等奖）

“上校村官”

——记安平县人武部原部长王晓勋回村带领群众致富奔小康的事迹

本可以在县城里舒舒服服地颐养天年，而他却一头扎进矛盾重重的村庄，心甘情愿地扛起本不属于自己的一副重担……

本可以在退休后精心照料卧病在床的老伴，弥补多年军旅生涯欠下的感情账，而他却不得不让她跟随自己长年往返在坎坷的乡间小路上……

本可以在家中和儿女一起安享天伦之乐，而他却毅然走出自己的小家，为乡亲们日夜奔波劳累……

他就是被共和国授予上校军衔的安平县委原常委、人武部部长，被群众称为“上校村官”的王晓勋。

20世纪50年代，以王晓勋的父亲、全国劳动模范王玉坤为代表的三户农民，坚持走社会主义合作化道路，被毛泽东主席誉为“五亿农民的方向”。

斗转星移，如今王玉坤创造过辉煌的南王庄村再次受到瞩目。在这里土生土长的王晓勋从部队退休后，接过父亲的接力棒，回村当起了党支部书记，带领乡亲们致富奔小康，在创建和谐农村的新征途上，用实际行动诠释了一名领导干部如何永葆共产党员先进性。

“绝不能让毛主席表扬的典型在新形势下落伍!”——在家庭和事业之间，这位为党和军队奉献了30多年的老兵，再次做出了无悔的选择

1999年6月，王晓勋从安平县委常委、人武部部长的岗位上正式退休。也就在那个夏天，南王庄小学教室的一根顶梁柱轰然倒下，一名正在上课的女学生被砸伤，引起了群众的强烈不满，也引起了县委的重视。调查中发现了许多矛盾和问题，一个曾经辉煌的村庄逐渐被人们遗忘，从先进变为后进，成为群众的切肤之痛。人们目睹了教室顶梁柱的倒下，更担心党支部一班人这个顶梁柱能不能支撑起南王庄这片天。谁来改变这种状况？领导在想，群众在盼。

县委常委会上，大家也不约而同地想到了王晓勋。老王在担任县委常委的14年中，带领民兵预备役人员积极参加“三个文明”建设，多次出色完成急难险重任务，特别是1996年滹沱河暴发特大洪水，他指挥数万民兵为保护人民生命财产安全做出了突出贡献，人武部荣立集体一等功，他个人荣立二等功，是军地公认的一员“虎将”。尤其他又是老支书王玉坤的儿子，让他当南王庄的领头人再合适不过了。

王晓勋作为南王庄的子孙，心里时刻挂念着家乡，眼见着父辈们创下的辉煌走进历史，王晓勋的心里很不是滋味，回村的念头一直在他的脑子里打着转儿。

可是患病多年的老伴怎么办？老伴孟晓满多年卧病在床，离开人几乎寸步难行；而且自己也患有严重的糖尿病，经常三四个加号，孩子都不在身边……

这时，南王庄的乡亲们也纷纷找上门来，希望他能回去当村里的领头人。

“去？还是不去?”王晓勋一时陷入了深思之中。

家乡南王庄近半个世纪的兴衰变迁在他的脑海里退了又现……

妻子儿女和亲朋好友的劝阻在他的耳边近了又远……

追忆，对比，矛盾，冲突，思索，决定——

父辈们创业的身影，乡亲们的企盼和憧憬，在王晓勋的眼前变得渐渐清晰和明朗起来。

“绝不能让毛主席表扬的典型在新形势下落伍。”已经退了休的王晓勋仍像平时受领重大任务一样，向县委立下了铮铮誓言：“不把南王庄治理好，我王晓勋誓不回头!”

王晓勋决定带老伴一块回村。他深情地对老伴说：“这辈子你跟着我受了不少苦，但现在咱还不是享清福的时候。这次我去哪儿，你跟着去哪儿，我会好好照顾你的。”就这样，刚刚退休三个月的王晓勋，又开始履行南王庄领头人的新使命。

“党支部必须成为全村的顶梁柱”——王晓勋以身作则，带领一班人廉洁自律，团结奋斗，成为创建和谐南王庄的不倒脊梁

王晓勋是在金穗飘香、硕果满枝的季节回到南王庄的。然而他“吃”到的第一颗果子，却是酸涩难咽的。在他走马上任的第一天晚上，劳累一天的王晓勋一沾床就进入了梦乡。他梦见南王庄获得了大丰收，家家户户猪羊满圈粮满仓，村民们敲锣打鼓放鞭炮，满街男女老少扭秧歌……他被这热闹声一下子惊醒了。然而，这“噼里啪啦”的声音，既非锣鼓亦非鞭炮——一阵石子急风暴雨般飞来，村部窗户上的30多块玻璃顿时被砸得粉碎。

面对这一片狼藉，王晓勋明白了等待着他的将是错综复杂的利益纠纷和人际关系，更明白了领导和乡亲们企盼目光中的分量和含义。三十多年的军旅生涯造就了王晓勋遇挫愈强、百折不挠的性格，眼前的一切更激起了他攻坚克难、为民谋利的决心和斗志。他通过村里的大喇叭亮开了嗓门："乡亲们，我回村不是跟谁过不去。个别人的这种欢迎方式看起来好像有点过火，其实是在催促我把咱村里的问题解决得快一点儿。既然这么鼓励我、催促我，我就下定决心，排除万难，不解决问题决不罢休……"

多年的部队经验使王晓勋深刻认识到，要想解决问题，必须建个好支部。

他把老伴安顿在本村的姑姑家，自己则带着一箱方便面、一口锅、一张硬板床，在村党支部安了家。

头一个月，他挨家挨户走访，找乡亲们聊天，和老党员座谈，把村里的情况摸透。他根据群众意愿，严格按照法定程序，开始了巩固和加强基层政权的工作。党员大会酝酿，群众代表选举，当场唱票公布……在2500多名村民的监督下，在党员和群众充满企盼的掌声中，新一届的党支部和村委会诞生了。

在第一次村干部会上，王晓勋约法三章："第一，讲团结、顾大局，不能打横炮，拉横车。第二，依法办事，有理有据。第三，廉洁从政，不贪不沾公家一分钱。能做到就跟着我干，做不到的请自动退出……"王晓勋见大家纷纷点头称是，又强调了互相监督的问题。他说："大家首先看我的，我做不好，请向我开炮；我做好了，请向我看齐！最终目标只有一个，就是要让党支部一班人成为全村人真正的主心骨和顶梁柱！"

王晓勋就任村支书5年来，没拿过村里一分钱。"我有退休金"，王晓勋总是这样说。"开着自己的车，费着自己的油，吃着自己的饭，办的是公家事，别说安平县，就是全中国也找不出几个像你这样的傻子来！"老伴有时忍不住就要数落他几句。

2003年，为改良滹沱河故道的荒地，王晓勋协调县土地局派来两台推土机义务帮忙，村里为驾驶员定了一天30元的伙食标准，个别干部又按老规矩陪吃陪喝。一天中午，王晓勋有意路过食堂，两位陪着吃饭的干部不好意思地说："王书记，来一块吃吧。"王晓勋一句话也没说，径直回到宿舍煮起了方便面。此处无声胜有声。这以后，村里再也没有发生过类似问题。

以前，村干部上不上班，每天都能领到误工补贴，有的甚至长年不干事，工资还照发不误，群众意见很大。王晓勋了解到这一情况后，在村干部会上强调："以后，要采取按出勤率发工资的办法，上一天班，发一天钱。"抗击"非典"期间，时任支部副书记王宗普因父亲病逝，请了四天假，村里按标准扣了他 40 元。这样一来，乡亲们没了怨气，干部们工作也有了士气，大家都说：现在一年能干过去十年"茧"。

"再难的事只要一摆到桌面上就不难了！"——王晓勋带领一班人公正、公开和公平地解决遗留问题，消除了不和谐的音符，彻底解开了乡亲们的心结

前些年，南王庄村成了远近闻名的上访大户。仅在王晓勋回村前三年的时间里，进京上访就多达 11 次，这不仅损害了南王庄的名誉，更进一步影响了干群关系。面对让人头疼的上访问题，王晓勋拍着胸脯说："有了问题应该先在村里解决。如果村里解决不了，我盖上公章帮你上访！"

通过深入地调查研究，王晓勋和一班人摸清了制约全村稳定和发展的三大遗留问题：工业占地、承包开荒地不交费和抢占零散地。显而易见，只有彻底解决这些难题，才能从根源上杜绝上访、告状现象，才能把大伙儿已经散了的心重新凝聚起来。

王晓勋和一班人把解决这三个群众关心的热点问题作为三场"硬仗"来打。

一天晚上，王晓勋组织抢占地的 20 多户召开座谈会，动之以情，晓之以理，希望大家能主动交回当年抢占的零散地。一些人也附和着说：“应该交，应该交。”但签名时，却没人带头。想到自己和堂兄关系还不错，王晓勋直接对他说：“哥哥，你来带个头吧。”

“凭什么让我带头，我不是党员也不是干部，那么多人都占了地，为什么单单找我？”堂兄竟一点也不买账，会场的气氛一下子紧张起来。

“哥，如果你不交，我又怎么要求别人呢？”

“那我不管，别人不交我也不交。”

“哥……”

座谈会不欢而散、无果而终。想到平日里关系不错的堂兄竟一点也不配合工作，王晓勋气得一夜未眠，第二天糖尿病加重，不得不住进了医院。可没过两天，老王又带着老伴回到了村里，反复做哥哥的工作，使他带头交回了 2 亩零散地。

乡亲们被感动了，大家说老王图的是啥呀？不愁吃，不愁穿，还不拿村里一分钱，咱凭什么跟人家过不去！村里形成了支持拥护王晓勋的舆论氛围。不到一个月时间，全村 80 多亩被强占的零散地都收回来了。王晓勋趁热打铁，一举收回了分布在滹沱河故道的 300 亩开荒地的承包费，为村集体增加资金 10 多万元。

王晓勋清楚，更艰巨的任务还在后头。如果把零散地和开荒地比作“鱼尾”和“鱼腹”，那么工业占地问题就是更难啃的“鱼头”。14 年前，村里为鼓励大家发展经济，划出 80 多亩土地为工业小区，每年一亩地象征性地征收 200 元钱；但 14 年来，村集体穷得叮当响，48 户承包人却几乎没向村里交过一分钱，一些领导成了他们不交费的“保护伞”。

原村办厂被一名个体户承包，始终不交 2 万元的承包费。在耐心地做过三次工作后，王晓勋让村委会主任再去试最后一次，不一会儿，村委会主任就回来了，“怎么样?”王晓勋问。“他还是那句话：有钱不交，能把我怎样?”王晓勋拍案而起，斩钉截铁地说道：“明天到法院起诉他，让法律来主持公正。”

村委会的一纸起诉书把他告上了法庭。很快，县法院的判决书让他低下了头，及时缴清欠款。这件事在承包户中引起了强烈反响，不少人自知理亏，主动向村里交纳了全部承包费。拖延了14年的工业占地问题，王晓勋只用3个月就彻底解决了，这次为村里收回20万元。

“就是要想方设法让乡亲们过上好日子”——王晓勋带领一班人想群众之所想，急群众之所急，倾心尽力筑和谐

制约和影响全村发展和稳定的历史遗留问题解决了，村里也有了一些资金。这笔钱怎么花?有的干部说展览馆旧了，该重新搞一下。有的讲村党支部的办公条件太差，也该改善一下了……王晓勋及时召开会议，统一大家的思想：“我们当干部的，就要把钱用在刀刃上，想方设法让乡亲们过上好日子。”

这样，收回的资金全部用在解决群众的燃眉之急：投资2.4万元，解决了村东北部40多户村民多年吃不上水的问题；投资12万元，植树6000多棵，修建了村内纵横1950米街道，解决了多年出行难的问题。

多方筹集近30万元资金，建起了全县一流的教学楼，解决了南王庄和邻村孩子上学难的问题，并投资6万多元为村小学安装了暖气，买来了锅炉，还垫高、硬化了地面，绿化、美化了校园环境。村小学开学那天，乡亲们像过年一样欢天喜地，争相拽着王晓勋到家里吃饭。曾当过全国人大代表的84岁老人王兴通紧握着他的手说：“晓勋，你真应该早点回来啊!”

王晓勋回村五年，少数乡亲生活还比较困难，始终是他心中的一个结。

老党员王玉莽长年跟着外甥生活，生活困难。但他经常教育外甥遵守村规民约，带头交纳农业税……看到这些，王晓勋自己掏出 100 元钱给了王玉莽老人。像这样，他曾经不止一次地把自己的退休金接济给他们，张家 100，王家 200，李家 50……五年来，王晓勋不但没在村里拿过一分钱，而且还为救济贫困群众搭进去 3000 多元钱。不少老人都说，真能从王晓勋身上看到他爹当年的影子。

然而，一个人的力量毕竟太有限了。如何能够让贫困家庭都富裕起来?

冥思苦想后，王晓勋在一次干部大会上，布置了用集体的力量对困难户给予重点帮扶的任务。大伙儿非常赞同，你一言我一语，细数着村里的“困难户”。最后，共选出“困难户”14 家，按照困难程度不同，村里给予了相应的政策和资金补助。

多年来，村民王树元一个人拖着一只残臂，既要照顾精神失常的老伴，又要抚养一双儿女，一家人一直挤在破旧不堪的房子里。乡亲们说：“这家人真是家不像家，屋不像屋啊!”王晓勋听说后，立即到树元家了解情况。当看到一家 4 口还住在随时都有可能倒塌的房子里时，王晓勋的心像被针扎了一样难受。他当天就和乡敬老院进行协调，由村里出资 3000 元，把这一家 4 口都安顿到了敬老院。临去敬老院那天，王晓勋给一家 4 口每人准备了一套新衣服，并叮嘱村干部说：“要让他们干干净净、舒舒服服地开始新生活。”换上新装的树元一家人感动得涕泪横流。

随着人们生活的不断改善，赌博等不良风气一度在村里蔓延。村里当时流传着这样一段顺口溜：“马小町、王小娃，水清坑南盖小房，麻将台呼啦啦，去得早的坐木墩，去得晚的坐小床，走了一场又一场，场场不少小町和小娃。”

王晓勋的堂侄子王小军也参与其中，为了输赢甚至和别人要动刀子。他得知后，非常生气，反复做工作，但却是屡教不改。一天有人告诉他小军又在赌博。他一下火了，当场掀翻麻将桌，顺手拿起一把扫把，追着打到街上……

来硬的效果不好，“一班人”感到关键是要让健康向上的东西占领农村文化阵地。他们投资 2 万多元，在村里建起了秧歌队、锣鼓队，适时组织活动。这样，参加活动的人多了，赌博的人少了，他们又做好跟进转化工作，小町成了秧歌队队长，自编了一百多首歌曲和节目，把活动搞得有声有色。王小军也上了三台织机，搞起了致富，还带起了 4 户农民一起创收。村里的歪风邪气没了市场，健康向上的娱乐方式既陶冶了南王庄人的情趣，也推动了村风的转变。

为了“让乡亲都过上好日子”这一句话变成现实，五年来，王晓勋风里来雨里去，可以说是殚精竭虑，耗尽心血。一位当年的老友见到他时说：“晓勋啊，你可真是黑变白、白变黑呀！”“黑变白”是感慨王晓勋的满头黑发已变得花白；“白变黑”是说，王晓勋原来白皙的面庞已晒得和长年在地里劳作的农民没什么两样了。

“发展才是硬道理”——王晓勋带领一班人注重发挥南王庄的品牌优势，一心一意谋发展，全力以赴谱新篇

“一定要发挥南王庄的品牌优势”是王晓勋和一班人形成的共识。为开阔眼界、拓宽思路，他带领一班人“走出去”，到山西大寨村、河南南街村、江苏华西村参观学习，开阔思路，一个“兴农固本、以工富民，创建高标准文明生态村”的蓝图已经在他胸中绘就。

今年大年初四，王晓勋并不宽敞的家中高朋满座。儿子结婚时剩下的两瓶“五粮液”他一直没舍得喝，今天特意款待从昆明、太原、定州等地回家过年的游子们。他们有的是拥有上千万、上亿元资产的知名企业家，有的是造福一方、身居要职的领导干部。王晓勋称这次聚会为“能人会”。

席间，大家盛赞王晓勋担任村支书以来南王庄发生的可喜变化，有人提议为支持王书记的工作，为乡亲们捐款。“对，捐款。我捐 3 万！”“我捐 5 万。”……但大家发现，晓勋对此却并无多大兴趣。

“王书记，我再捐 3 万。”全县第一个出国做生意的农民企业家王金镖以为他嫌钱少。

“我请大家来喝酒，并不是向大家要钱。3 万、5 万只能解一时之急，对南王庄的发展帮不上大忙。”王晓勋这句话使大家一下子静了下来。

“那怎么才能帮上大忙呢？”

“来，请大家干了这杯，然后我请大家看样宝贝。”人们“滋溜”一声干了杯中酒，睁大眼睛看王晓勋拿宝贝。但见他不紧不慢地展开一张“南王庄规划效果图”，人们如梦初醒。短暂的沉默过后，爆发出一阵热烈的掌声。

“老王，真有你的。你这是栽下梧桐树，要引来金凤凰啊！”县人大原副主任王新海直奔主题。

“不错，我就是这个意思。光给钱解决不了问题，要把厂子办起来，让村民们有工作，有钱挣，这才是长远之策。”

“王书记”王金镖借着酒兴，直抒胸臆，“过去并不是没想过在南王庄投资办厂，但那时没有好环境啊，光闹纠纷就让你受不了！现在条件具备了，我们没有理由不投资，我决定把拔丝厂建在村里。”

“好，我愿意入股。”立即有人响应。这次家庭宴会式的能人会，为南王庄吸引资金 3000 万元。

在桃花盛开的 3 月，两个大型拔丝厂在南王庄破土动工。目前，南王庄村的固定资产超过 3 个亿，全村人均年收入超过 4000 元。王晓勋，这位“上校村官”正带领南王庄人阔步走在全面建设小康社会、倾力创建和谐农村的康庄大道上。

不知道有多少次，王晓勋站在南王庄纪念馆前，望着毛主席当年题写的“五亿农民的方向”的潇洒字迹，看着毛主席和父亲碰杯时的黑白照片，心潮澎湃，思绪起伏……35 年前，他带着保家卫国的理想离开了这片土地；35 年后，他踩着一地的碎玻璃和小石子开始了在这片土地上的“村官”生涯。今天，南王庄已经焕然一新，他当初回村任职的目的逐步实现，他日益感到自己再也离不开这块让他魂牵梦绕的土地了……

（原载 2005 年 6 月 30 日《衡水日报》，获第二十届中国地市报新闻奖二等奖）

情暖夕阳红

——记共产党员阜城镇养老院副院长兼保洁员马福兰

去年腊月十三（2005 年 1 月 22 日）这天一大早，阜城镇派出所的指导员息佳水就和妻子周云霞急匆匆地赶往阜城镇养老院。

“这老天爷真不公平！兰姐这么好的人怎么会得上‘肺癌’呢?!”周云霞还没消肿的眼睛里又涌出了泪水。

一听妻子提到“兰姐”，平日里一脸刚毅的息佳水也禁不住鼻子发酸。“快点吧，兰姐的闺女、女婿一会儿就要接她去郑州看病了，咱们得赶点儿紧。”息佳水冲妻子咕哝了一句，就一路无语。

7 时多，等他们夫妻二人赶到敬老院时，敬老院里早就站满了来送马福兰的乡亲和朋友们。

“兰姐，你咋就得了这么个病呢?!”一见到马福兰，周云霞就禁不住抱着她失声痛哭……

周云霞一哭，满院子来送福兰的人都觉得喉咙发痒，一句送别的话也说不出来。

“好妹子，咱不哭了，谁还没有个生老病死的。”一脸平静的马福兰伸出手来给周云霞擦拭眼泪。

“大伙儿都回去吧，谁也别送我了，我会好的，看好病后我就回来……”说着，说着，马福兰的眼睛也湿润了，可她硬生生地愣是把眼泪“咽”了回去……

汽车慢慢地发动了，100 多送行的乡亲便随着汽车一块涌出敬老院的大门……

是什么让这个平凡的中年女人能够得到这么多人的尊敬与爱戴？是什么让如此多的百姓同时这样的悲伤？是什么让一个普通共产党员与百姓之间的情感比山还高，比海还深？

“人老了，更需要亲情的滋润”

3 月 24 日，记者在阜城镇敬老院见到了病榻上的马福兰。

记者第一眼里的马福兰是一个秀美恬静的中年女子，似乎她骨子里就透着一种中国传统劳动妇女所特有的尊老爱幼、与人为善的美德，但是她恬淡的语气中却更有着自己对人生和事业的超然豁达。看着她宿舍里还没有给老人们做完的鞋垫，感受着她眼睛里祥和的目光，你很难想象这样一个外表柔弱而心灵手巧的女子，是如何十年如一日地为老人们撑起这片绚烂的天空的。

在采访中记者了解到，今年 51 岁的马福兰，出生于一个知识分子的家庭。“文革”初期，还在上中学的马福兰因在《光明日报》的父亲被错划为“走资派”，举家下放到原籍阜城县郑林村。从此她就和那个年代的每一个普通的农家姑娘一样，开始了自己的农村生活。

八九十年代，心灵手巧的马福兰在原八里乡补花厂工作。那时，她工作的补花厂与乡敬老院只有一墙之隔。富有孝心和爱心的马福兰总是抽空帮助老人们拆洗被褥、缝补衣服，老人们也打心眼里喜欢这个“编外”服务员。也就是从那时起，马福兰和老人们就结下了不解的情缘。

说起马福兰和敬老院的故事，时光要倒转回 1995 年。

当年，由于原八里乡敬老院的部分老人“搬家”到了阜城镇敬老院，而阜城镇敬老院恰好又缺少服务员，老人们便不约而同地想起了一个名字——马福兰。于是，老人们就向院领导推荐了她。那时，她因补花厂不景气，正赋闲在家；又由于之前也有和老人们相处的经验以及自己内心深处那种对孤老的难以割舍的情感，所以，马福兰欣然受命，当上了阜城镇敬老院的服务员，而且一干就是十年。

当时，院里有 30 多位老人，大多疾病缠身，全院 4 名工作人员，除了院长、会计、厨师外，她是唯一的专职服务员，并且她要身兼数职，保姆、清洁工、医生、饲养员……工作量和工作强度大大超过了以前“抽空帮助老人们拆洗被褥、缝补衣服”，况且来到敬老院的老人大多无儿无女，生活的不幸使得他们的脾气也越发的孤僻和古怪，说不清什么时候、因为什么事他们就会发作一通。因此，在刚刚开始的那段日子里，福兰也就免不了要受些委屈，心里偶尔也会打打退堂鼓。

然而，福兰是个柔中带刚的女人，越是有困难，她就越要迎难而上。福兰说：“这些老人都是不幸的人，其实他们的感情也很细腻和丰富，只是不幸和自卑让他们误以为自己是让人瞧不起和被遗弃的，其实人老了，更需要亲情的滋润。这些老人的心太冰冷了，我必须用超热的心才能感化他们!”

也就从那时起她下定决心，要让老人们“老有所养、老有所终、老有所乐”。

十年的日子如流水般在福兰照顾老人的辛劳中度过。十年寒暑流转，十次春秋更替，十年间她究竟为老人做了多少事，吃过多少苦，受过多少累，她自己说不上来，我们也无从调查清楚。

“老吾老，以及人之老。”是敬老爱老的基本要求，而马福兰的可贵之处就在于，对待敬老院里的老人比对自己的亲生父母更尽心、更体贴。对常人来说，家有一位老人需要照顾已不轻松，更别说同时照顾 30 多位老人了。而十年来，马福兰却硬是挺过来了，并且在这份无悔的付出中收获着快乐。由于她工作业绩突出，1998 年被省委、省政府评为“河北省劳动模范”。

“福兰，就是俺的亲闺女！”

十年的悉心照料，换来了老人们无尽的尊敬与爱戴。在采访中，我们所听到的最多的一句话就是：“福兰，就是俺的亲闺女！”

马福兰刚刚到敬老院工作的时候，并不是每个老人都像现在这样，对福兰服服帖帖的，于是福兰就潜心研究每一位老人的性格、脾气和心理，只要老人高兴，她自己吃苦受累也心甘情愿。

1996 年冬天，王长春老人让她按照棉裤原来的样子把棉裤重新做好，尺寸一点儿也不让改动，福兰知道要是按照老人的要求，做出来的衣服肯定又瘦又小，于是就耐心地向老人解释。可王老汉执拗得像个孩子，搞不好还会大吵大闹。没办法，福兰就一声不响地按要求做好后让他试穿，由于瘦小，棉裤怎么也穿不进去。这时，王老汉又嘿嘿地笑了，“闺女，还是你说得对，往后俺什么事都听你的。”马福兰又把棉裤拆掉，重新做好，老人穿着合适的衣服逢人便夸福兰活计好，脾气更好。

在马福兰的心里，这些孤寡老人都是自己的亲人，对待他们就如同亲生父母一般。1997 年麦收前，金可义老人患突发性脑出血，福兰一直守候在老人床前，端屎端尿，照顾老人生活起居。老人过世后，需要脱下衣服擦身，院长温书增想让她回避一下，福兰却说：“他们都是我的父辈，我这当女儿的有啥抹不开的。我愿意让这些老人干干净净地离开人世。”于是，她就亲自为老人擦洗身上的血污和粪便，直到干干净净为止。

马福兰就是这样以一颗女儿的心，去对待敬老院的每一位老人。

息佳水的继母李桂兰，曾是敬老院里的一位院民。也正是因为她，才有了息佳水和周云霞夫妇和他们的“兰姐”的深厚感情。

事情是在1997年，息佳水的父亲过世后，留下了双目失明且患有间歇性精神分裂症的继母。当时，息佳水在城关镇派出所任指导员，妻子周云霞在县计生局工作。两个人的工作都非常繁忙，又加上身边时刻离不开人的继母，分身乏术的夫妻俩天天忙得焦头烂额。

当年10月份的一天，敬老院的温院长和马福兰找到他们，说要把老人接到敬老院。原来是温院长和马福兰通过民政部门了解到息家的情况，主动来替他分忧来了。

“兄弟，你和云霞工作都忙，为了支持你们的工作，我来替你承担孝敬老人的义务。你一定要多破案子，保护好阜城人民的安危。”几句话说得息佳水心头热乎乎的，嘴上却说不出一句感谢的话。

刚把老人接到敬老院的时候，老人很不适应，发病时时常把屎尿弄得全身满床，还把大便甩得满墙都是。马福兰不但丝毫不嫌弃她，还把李桂兰安排在自己宿舍的隔壁，为的是方便照顾她。福兰经常给她换衣被、擦洗身子，每晚至少起床照看她两三次，看她是不是有什么需要。时间长了，老人就离不开福兰了，有时一会儿见不到她，就到处地找啊、问啊，“看见俺闺女福兰了么？福兰到哪去了？”

1999年，老人得了骨髓炎，需要到医院去治疗。可息佳水来接她去医院时，老人却说什么也不上车。“我不去，要去你必须叫福兰跟我一块儿去。”老人就这样一时一刻也离不开福兰。

像这样的事情还有很多：

2000 年 4 月份，韩根才老人骑着三轮车回距县城 2 公里的老家绳王村，在躲避对面驶来一辆汽车时，不慎连车带人摔进沟里，造成脚部骨折，瘫痪在床一个多月。福兰每天给老人端屎端尿。在她的细心照料下，老人的病情很快就得到了好转。

2004 年秋，一名叫杜刚的老人临终前握着福兰的手说："我感觉不行了，闺女你真好……" 福兰给杜刚老人洗了脸，换上了干净衣服，当时老人的妹妹看到这一幕后，流着泪跪在福兰面前说："你真是好人啊，我一辈子也忘不了你。"

据了解，在敬老院的十年间，马福兰先后在病榻前送走了 42 位老人，其中不乏瘫痪病人，炕上吃炕上拉，她都是尽心尽力不让老人遭一天罪。有的人无法理解，马福兰却说："他们都是无儿无女、孤苦无依的老人，我在这里一天，就给他们当一天'亲闺女'，对自己的父母，有什么可嫌弃的呢！"

"马福兰的病纯粹是累出来的！"

采访时，一位群众向我们转述了县民政局一位领导干部的这样一句话，"马福兰的病纯粹是累出来的！" 他话音还没落，患有心脏病的陈常生老人的眼里就滚出了两行浑浊的泪水。

"去年底的第一场大雪后，大概是夜里 11 点钟我觉得心脏不舒服，就让同屋的王兰喜去找福兰。可福兰在去叫温院长时，由于雪后路滑，不小心摔倒在台阶上，造成膝盖骨出现裂痕。当时眼看就要过年了，福兰为了能让我们干干净净地过春节，就手拄拐杖，强忍着疼给我们洗了三天的衣服和被褥。我们看到她不敢离开拐杖走路，就劝她到县医院去检查一下，说了多少次，她才到县城医院做了检查，也就是这次检查，竟然发现她得了肺癌……"

陈长生老人的话又让屋里人一阵呜咽……

是啊，自从福兰走进了敬老院，她就担负起照料几十位老人吃喝拉撒的重任。

在敬老院工作的十年间，马福兰没有“工作时间”，她就像上满了弦的发条，只要老人们需要，她总会出现在他们的身边。老人的床单破了，她能及时地洗净缝补好；老人们用的被子，由于日长时久棉花压扁、压薄了，她会请来弹棉花的师傅，帮助弹弹松；老人们要配药，要理发和剪指甲，甚至是洗澡、擦身……她都会一股脑儿地包下来。

每天都是周而复始的工作。上午，她要给全院 30 多位老人洗衣服，打扫卫生、擦地，给出不了门的老人端屎端尿，给拉尿到床上的老人拆洗、擦身；下午，他要给老人们做棉衣、被子，服侍那些要洗澡的老人洗澡；晚上，她要到各个房间去串串门和老人们聊聊天，并照应着老人们睡下。在这期间，她还要穿插着给老人们看病、抓药、打针、输液……要亲自打理给个别瘫痪在床、生活不能自理的老人的一日三餐，一口一口地把饭喂到他们嘴里……这一切一切之后的才是马福兰自己的时间。

像这样的日子，也许一天两天能坚持，一星期两星期能坚持，但要坚持十年如一日，而且从没有双休日、节假日，那需要何等的耐心和毅力。但马福兰却做到了，十年来，她几乎没有休息过一天，她就是在这忙忙碌碌中陪着老人们慢慢地变老。

3000 多个日日夜夜，马福兰就这样机械地运转着。当有老人生病时，她这部机器转动得更为快速高效。在敬老院里，长年瘫痪在床的老人就没断过，福兰每天都要给他们擦身、喂饭，还要拆洗沾有屎尿的衣被，一直坚持到老人去世。在福兰的精心照料下，老人从未生过褥疮。不少老人由于长期卧床，常常发生便秘，就是用药也无济于事。看着老人们由于便秘而痛苦的表情，为了解除老人们的痛苦，她还慢慢地学会了给老人们抠屎。

老人的病说犯就犯，且不容耽搁，为了能及时应对老人们的突发病情，也为了为院里节约开支，曾有一点医学基础的马福兰又专心致志地学起医来。她不仅自己买了很多医疗、护理书籍，还向附近开诊所的医生拜师学艺，系统地学习护理、诊断等医疗知识。渐渐地，她在自己的宿舍里开设了一个小药铺，备有各种急救和常用药品。于是，在夜里补充自己的医学知识又成了马福兰每天生活里不可缺少的一项。

福兰就是这样一刻不停地为老人们着想，凡是老人想到的，马福兰都想到了；老人想不到的，她也替老人想到了。这么“贴心”的闺女病了，老人们哪能不心疼？

“老人们离不开我，我也离不开老人”

自从去年腊月十三以后，除了惦记着福兰的病，厨师马功强最发愁的就是怎样才能让老人安心把饭吃好。

腊月十三那天早起，接福兰的车早就不见了踪影，可老人们还是久久地站在道边向着福兰走的方向发呆。许多老人进了屋，还扒在窗口向外张望。这天，敬老院里头一次出现了没人过问早饭的情形。

整个上午，老人们都没说几句话。中午饭做好了，马功强发现还是没什么人来吃饭，就去挨着屋给老人们做思想工作。“福兰走时，最放心不下的就是你们，她让我把你们照顾好，可她这刚一走你们就不吃饭了，福兰要是知道了，心里该多难过呀？……”苦口婆心地说了半天，当天中午老人们也就吃了平时的一半儿，还有几个固执的老人一点儿也没吃。

老马说：“福兰这一走，老人们就像‘摸了黑儿’，一点精气神也没了。一连好几天老人们都精神恍惚，吃不好，睡不好的。还有几个时不时地就跑到道口去，说是‘去看看福兰回来了没有’。”

过年前的一天，戚振荣老人非要磨着老马给福兰打电话。马功强没办法，拨通了福兰女儿在郑州的电话。戚振荣接过电话只说了一句“好好养病”，就哭得说不出话来了。但是因为和福兰通了这个电话，戚老汉高兴了好几天。

从那以后，几乎每天早晨都会有老人来问：

“有没有给福兰打电话?”

“她现在的病怎么样了，吃得好不好?”

“福兰说没说她什么时候回来?”

如果有关于福兰的任何消息，那么这肯定就成了敬老院里老人们议论最多的话题，而且这一天老人们的精神都会比平日里好许多。

每年的腊月三十，是敬老院的老人们吃团圆饭的日子。

2005 年的春节，马功强特意为老人们多做了几道爱吃的饭菜，还准备了酒。

可中午等老人们来齐了，却全然没有了往年欢乐的影子。大家你看看我，我看看你，围着一桌子的菜，谁也不动筷子。

“自从福兰在敬老院工作后，就没回家过过年，年年都和我们一起在院里吃团圆饭。今年闺女不在，我们吃不下!”不知是哪位老人的一句话，让起初的抽泣成倍地滋长……

在老人们对福兰的深深思念中，2005 年的春节就这样悄悄地溜走了。

正月初二一大早，温书增院长就和阜城镇主管民政工作的何国龙副镇长开始了他们的郑州之行，一路上，两人互相倾诉着半个多月来对福兰的思念。可当他们来到郑州医科大学附属医院见到福兰时，大家却整整 20 分钟都没说出话来；不知是因为见到了日夜思念的“亲人”，还是因为难以忍受的病痛和化疗，坚强如斯的福兰也只是默默地流泪。

在郑州检查的结果是，福兰的肺癌已经恶化并已扩散到肝部。知道自己病情的福兰一度要放弃治疗。

“我不希望你们被我拖垮……”这就是一个母亲对女儿的心！

但在女儿和温院长的坚持下，福兰完成了放疗和化疗的医治。可是她的心早就飞回了敬老院，因为她知道“老人们离不开她，她也离不开老人”。

在经历了女儿和温院长的十几天的“拉锯战”之后，3月3日晚上10点来钟，福兰在温院长和女儿的陪同下一起回到了她日思夜想的敬老院。

一从担架上下来，福兰就让马功强扶着她去看了患有胃癌的韩根才。韩根才的宿舍在敬老院的最东头，是距离福兰宿舍最远的。等到福兰一步一步走回宿舍时，她的额头上已细密地渗出了一层汗珠。可回到屋后，福兰一刻也没有休息，就又将21位老人这几天的情况详详细细地问了个遍。

从那天起，马福兰就又回到了老人们中间，虽然她不能像以前那样伺候老人们，可她又可以快乐地和老人们生活在一起了。

在我们的采访即将结束时，马福兰说：“我知道不仅这里的老人离不开我，我也离不开这里的老人。既然我选择了这里，我就要用真情、真心去温暖这里的老人。每当看到老人们祈盼的眼神，每当老人们紧握我双手的时候，我心中总会充盈着感动。能够得到这么多老人的真情回馈和社会认可，我感到弥足珍贵！”同时，她还表示作为一名共产党员，她只是做了自己应该做的事情。她希望自己做的这些事，能像石子投入河水一样，泛起阵阵“涟漪”——愿所有的老人都能有人爱。

（原载2005年4月6日《衡水日报》，获评《衡水日报》年度好新闻）

生命的坚守

——记因公殉职的市审计局干部岳锦平

海河水愁，衡湖水殇。

悠悠宝云塔在风中低泣，潺潺滏阳河在云下神伤……

2005 年 5 月 24 日，一个突如其来的噩耗，让席卷衡水大地的审计风暴都为之凝固！

在全市专项资金审计工作刚刚开始的第二天，带病坚持在冀州市审计一线督导工作的，市审计局行政事业社会保障审计科科长岳锦平同志，因突发心脏病，永远地把自己的生命定格在了专项资金审计的现场。

你就这样倒下，一个鲜活美丽的生命，一堵如墙刚强的躯体

“在前几天参加全省专项资金审计培训班的时候，我就发现岳科长用药的次数比以往都频繁，而且还一直输着液。岳科长是带着病来的冀州，可她还是那么拼命！”岳锦平的同事故城县审计局的李瑞明，带我们一起回忆了她在冀州参与专项资金审计的一天半时间：

5 月 23 日，根据市审计局专项资金审计工作统一组织安排，驻各县审计组和市局督导员应于当天上午到达各审计现场。

23 日上午 10 时 30 分左右，当负责冀州市专项资金审计工作的故城审计组到达冀州时，作为督导员的岳锦平早已经到达，并作了提前的工作安排。

上午 11 时 30 分，岳锦平召集审计组全体人员召开碰头会，一方面讲解工作要求，一方面关切地询问每名参审人员家庭安排情况，要求大家放下包袱，树立必胜信心，轻装上阵，全身心投入到这次专项资金审计工作中。

下午 3 时，召开了专项资金审计见面会。会上，岳锦平严肃认真地对这次专项资金审计的意义、重点、方法步骤进行了系统讲解。

随后，岳锦平带领审计组成员分别与冀州市水务局、劳人局、计划局、卫生局、文教局、民政局、财政局、计生局等部门的主管局长、疾控中心主任、药具站站长和全体参审人员进行了座谈，进一步了解冀州市六项专项资金的管理、使用的具体情况。座谈一直持续到下午 6 时 30 分。

5 月 24 日上午 8 时，审计组正式集中办公，岳锦平亲自到场安排工作。向审计组说明情况后，她急急忙忙地赶回衡水去输液。

上午 11 时 30 分，岳锦平的身影又出现在冀州审计现场。她仍然是顾不上休息，也没有回房间，直接来到审计组办公室，立刻询问各单位送交资料情况，对未到和送交资料不全单位要求审计组加紧催促，确保在规定的时间内搜集到全面的第一手审计资料……一直工作到中午 12 时 15 分。

可谁也没有想到，就在下午 1 时 38 分，岳锦平因突发心脏病，永远地离开了大家，离开了她热爱的审计事业，她把生命定格在了专项资金审计现场。

岳锦平走了，给人们留下的，是座谈会上她沙哑的声音，和她不时向口中喷随身携带的治疗过敏性哮喘药物的这个熟悉的动作；

岳锦平走了，给人们留下的，是她以饱满的精神状态认真细致地做的工作记录，和她对专项资金审计工作所作的细致安排；

岳锦平走了，给人们留下的，是她曾经查处的一个又一个漂亮的审计案例；

……

我们呼唤着你回来，回来再让我们看一眼大姐你和悦的容颜，这份浸透咱们汗水的审计报告啊，还等着你签字

“她走了，走得那样突然，让人难以接受。我们失去了一位好科长，我们失去了一位好大姐。”和岳锦平同在一个科室工作的李志雄在对岳锦平的回忆中这样写道。

在市审计局工作了近 20 个年头，岳锦平和同事们之间的感情，像并肩战斗的战友，更像患难与共的兄弟。数年间，他们在一起查处了多项重大案件。

自 2002 年 8 月，担任行政事业社会保障审计科科长以来，岳锦平带领全科人员，以崭新的面貌、高质量的敬业精神、高效率的工作态度掀开了重组后的行政事业社会保障科崭新的一页。

在工作中，岳锦平经常告诫科室同志，审计工作政策性强，关系到干部群众的切身利益，关系到党和国家方针政策的贯彻落实，工作中不能出现任何差错，审计结果要经得起时间的检验。在去年的县乡医院审计调查中，为搞清底数，向各级交一份满意的答卷，她带领科里的 3 名同志走乡串镇，不怕苦、不叫累，对 17 个乡镇卫生院三年的报表反映数字进行座谈了解、实地勘察、整理归纳。不仅掌握了我市乡镇卫生院总量布局、财政投入、基础设施、人员状况，还找出乡镇卫生院在发展中存在着经营状况不佳、资金匮乏、人员素质不高、基础设施差、医疗设备陈旧落后和农村医疗保障制度不完善、发展后劲不足等八个问题，分析出七条原因，提出八条建议，受到各地的称赞，也得到了省厅的好评。

审计处理处罚是审计工作的一个重要环节，审计与被审计本身就是一对矛盾。由于审计没有强制性手段，在定性处理时就常常会碰到“硬茬”。

2003年，在全省公安交警行业审计中，某县公安局自恃自身也是重要执法单位，对该县局审计组的工作不理解、不支持、不配合，审计工作一度陷入僵局。岳锦平同志发现这种情况后，当机立断决定把该局会计资料调到市局，另行抽调市局业务骨干认真审计。从中发现了一些重大违纪违规问题后，说情的人也接踵而至，请求她网开一面从轻从宽处理，这其中不乏她的老同学、多年好友。但是她始终坚持原则、不为所动，最终对该局依法进行了严肃处理，在该县进一步树立了审计权威，从而维护了审计的形象和威望。

自身清正，方能正人。岳锦平始终坚定这个信念，保持着审计干部的高风亮节。2004年在对某工商局审计中，发现票据管理员利用职务之便涂改、毁失票据232张，隐藏公款51486元，涉嫌贪污。她顶住多方面的说情，请吃不到，好处不要，按规定向市监察局进行了移交。为被审单位挽回了经济损失，也堵住了不为人知的“漏斗”，强化了管理。审计结束后，被审计单位将一面写有“严格执法，依法审计，良师益友，友谊长存”锦旗送给审计组表示谢意。

丰富的工作经验，灵活的工作方法，高超的查账技巧，无一不被同事们羡慕与钦佩。多年的财务和审计工作实践使她练就了一双火眼金睛，能够快速、准确地找到被审计单位内部控制薄弱环节，从而发现其违纪违规问题。2002年机构改革后，行政事业社会保障科共审计单位47个，查处违规行为资金10533万元；2003年该科全年完成审计项目7个，审计单位65个，查处违规行为资金 2175 万元；2004 年该科完成审计项目 4 个，审计调查项目 1 个，审计单位 22 个，查处违规资金 2586 万元……

也许这一串串枯燥的数字，最能说明岳锦平的工作成果。每一个数字都是一颗明亮的星星，它们将永远点缀在岳锦平那深邃的天空……

年迈的妈妈企盼着你回来，回来再给她梳一梳散乱的白发，颤抖的生命再不能撑起她瘦弱的臂膊；

病重的丈夫等待着你回来，回来再推着轮椅车陪伴他一程，垂危的生命或许还能够发生奇迹；

可爱的女儿渴望着你回来，回来好把工作后第一个月的工资，连同编织的少女美丽的花环给你

“24 年来，在我的记忆里，妈妈陪我的时间太少了，甚至连一次生日都没有给我过过，妈妈总说，给我补上，可是我明白，她一心都在工作上，顾不上，妈妈工作的事都是重要的，我能理解。”这是岳锦平的女儿林琳，在给记者的信中写到的一段话。

的确，岳锦平一心都扑在工作上，是家人的理解和支持，成就了她光辉的审计事业。

1999 年 7 月中旬，某县审计局对该县电力局进行财务收支审计。在审计问题定性及处理时，遇到了困难。该县审计局在请示市审计局后，市局派遣岳锦平同志只身前往帮助协调工作。

那天下午，电闪雷鸣，风雨交加。在县电力局局长办公室内，岳锦平听完汇报后，面对电力局诸位领导和多名会计人员的种种质疑，运用熟练掌握的审计业务知识和法律知识，不亢不卑，对被审计单位的在场人员动之以情、晓之以理，以事实为依据，以法律为准绳，捍卫和维护了财经纪律的严肃性，树立了审计机关的权威。正在进一步与被审计单位交换意见的时候，岳锦平接到了爱人病重需要住院的电话。

在场人员纷纷催促照顾病人要紧，让她赶快回衡水。可她看到在场人员工作刚展开，为了不影响工作她断然决定，继续开会，并电话通知丈夫工作单位的领导说明情况，安排住院。

在场人员当时听了岳锦平的安排后，都觉得她这个人有些不可理解，不近人情。但就这样，她力排众议，毅然决然地又继续投入了工作，一直工作到晚上 7 时。圆满完成工作任务后，她顾不上吃饭，驱车赶回衡水医院。当她一眼看到正在输液抢救的爱人时，这个在困难面前从未落过泪的坚强女性，让愧疚的泪水充满了双眼，哽咽地说了一句："林子，对不起。"

2005 年 5 月 21 日（旧历四月十四）是岳锦平母亲的 81 岁生日。岳锦平姐弟三人原计划那天都到三弟家去给母亲过生日。可是，5 月 21 日那天，岳锦平正在市政府招待处进行专项资金培训学习，实在抽不出时间。她就打电话说，等过几天专项审计安排到位了以后，工作开展就绪了，一定抽时间回来陪陪母亲。可谁想，这句话竟然成了她终生都无法兑现的承诺……

"马思边草拳毛动，雕眄青云睡眼开。"归来不及洗征尘，奖杯未授身先死，几回回为你泪湿衣

岳锦平同志去世的消息传出后，知道的人都深感惋惜，大家都说审计系统失去了一位好战友，衡水失去了一位好党员，审计战线失去了一个好干部。省审计厅和衡水市委、市政府对此都非常重视。省审计厅副厅长焦士谦、吴兵冲首先到衡水对岳锦平同志的家属进行慰问。5 月 27 日，从外地调研归来的张成起厅长带领省厅有关处室的同志来到衡水慰问其家属。衡水市委书记李俊渠，市长冀纯堂，市委常委、常务副市长孙志人，市委常委、组织部部长曹征平等市领导对岳锦平同志的事迹给予积极评价。

市长冀纯堂指出，岳锦平同志带病坚持工作，无私奉献的精神应该提倡和表彰，宣传部、组织部、报社等部门要深入挖掘岳锦平同志的先进事迹并广泛宣传。全市各级党组织和广大党员干部在开展保持共产党员先进性教育活动中，要进一步掀起向岳锦平同志学习的高潮。

5 月 28 日，张成起厅长一行与市长冀纯堂、组织部部长曹征平、副市长戴国华等领导一同参加了岳锦平同志的追悼大会。追悼会上，全市审计系统的同仁纷纷前来吊唁，被审计单位也相继送来了花圈。

庄严肃穆的告别大厅，哀乐低回，追思如潮。告别厅上方悬挂着“沉痛悼念岳锦平同志”的横幅，两侧悬挂着省审计厅厅长为岳锦平书写的挽幛：“鼓角初鸣，隐疾整甲飒爽出征去，昭显审计人无私奉献敬业本色；玉鞍始跨，壮志未酬晴空噩耗来，呜咽衡湖水，四千同人共泣英灵”。寄托了全省审计战友对她的不尽哀思……

省厅领导与市领导赶来了；

市局领导与全局同事赶来了；

市直各被审计单位的领导和单位代表赶来了；

各县市区审计局代表、各专项资金审计组代表也赶来了；

还有许多不知道姓名的朋友也从四面八方赶来了；

锦平，他们都是为了看你最后一眼；锦平，他们都是为了送你最后一程……

每一个人眼中都有泪，每一个人心中都是哀。锦平啊，友有疑难可问谁？家有疑难可赖谁？太行山无语，衡水湖泪垂……

（原载 2005 年 6 月 21 日《衡水日报》，获评河北省保持共产党员先进性教育活动优秀新闻作品）

毛主席的嘱托我们不会忘记

——写在毛主席亲笔复信电业职工五十五周年之际

9 月初的一天，记者收到了退休老人荣林生从石家庄寄来的一封长信。荣老先生在信中叙述了 1950 年 9 月 11 日，毛主席亲笔复信石家庄电业局所属各电厂及天津电业局第三发电厂全体职工的详细经过，并希望值此毛主席亲笔复信 55 周年纪念之际，广大电业人要重温那段历史，牢记毛泽东主席当年的嘱托。

远在石家庄的荣林生老先生之所以要将这封长信寄到本报，是因为他信中所提到的石家庄电业局所属的凤山发电厂原系井陉正丰煤矿（后称井陉三矿）的自备电厂。该电厂于 1958 年秋由井陉迁至衡水，并更名为衡水发电厂，全厂百余名职工隶属现在的衡水供电局。荣老先生希望大家能在不同的地方共同纪念 1950 年 9 月 11 日——55 年前毛主席亲笔复信电业职工的光辉日子。

看着荣老先生图文并茂、洋洋洒洒的数千字长信，我们夜不能寐，仿佛当年热火朝天的劳动场面和荣老先生热切盼望的眼神就在眼前闪现。

荣老先生在信中介绍，55 年前，为支援新中国的建设，石家庄电业局所属的凤山发电厂（衡水老发电厂前身）在极其艰苦的条件下，掀起了“保证安全运转、消灭责任事故”活动，实现了发电运行半年无事故，创下了当时安全发电新纪录，获得了电业管理总局颁发的“安全发电的先锋”锦旗。随着凤山发电厂发电运行半年无事故的成功，石家庄电业局开始在全局各单位广泛推广凤山发电厂的经验。在凤山发电厂的带动下，微水发电厂与石家庄发电厂也相继展开了保证下半年无事故的活动。

为响应党中央的号召，1950 年 8 月 8 日，石家庄电业局全局职工签名上书当时中央燃料工业部部长陈郁同志，表示要更加努力工作，以实际行动支援社会主义新中国的建设，并委托陈郁部长把信转交毛泽东主席。同年 9 月 5 日，天津电业局第三发电厂的全体职工也向毛主席递交了安全供电的签名信。在收到中央燃料工业部转去的信件后，毛主席于百忙中在 9 月 11 日亲笔回信，勉励电业职工“团结一致，努力工作，为完成国家的任务和改善自己的生活而奋斗”。

荣老先生在信中回忆，凤山发电厂的职工听到毛主席亲笔复信的消息后奔走相告，兴奋不已，纷纷表示要坚决实现自己的诺言，让毛主席放心。毛主席的回信极大地激发了全体职工的爱国热情和主人翁责任感，工人们干劲倍增。虽然当时的生产条件不好，设备简陋，材料缺乏，但就是在那样的条件下，凤山发电厂还率先达到了满负荷发电……

在信中，荣老先生还回忆了北京电力公司石家庄分公司（原石家庄电业局，于 1965 年更名为北京电力公司石家庄分公司）于 1966 年 9 月 11 日开展毛主席亲笔复信 16 周年纪念活动的盛况。荣老先生仔细回忆了这次活动的组织过程后写道，“在北京电力公司石家庄分公司门旗的引导下，紧接着是红旗、彩旗、乐队、伟人像、亲笔复信牌、喜报、生产数字牌等，随后是由 500 余人组成的报喜队伍。”报喜队伍所过之处，“两侧商铺店员皆出门观看，路上行人止步围观，翘首相望……”此次活动“让石市群众首次看到了毛主席亲笔书写的复信原貌”。

荣林生老先生在来信最后表示，随着时间的推移，知道和了解这一事件的老同志越来越少，他作为电业系统退下来的老同志有责任让今天的电业职工知道毛主席的亲笔复信，知道电业老职工的光荣历史和业绩。年轻一代人也应该继承和发扬老一辈电业职工的光荣传统，为社会主义建设多做贡献。

虽然毛主席亲笔复信的事情已经过了半个多世纪，可我们从荣林生老人来信的字里行间依然可以寻得当年心情激荡的身影。带着荣林生老人的心愿，我们采访了我市电业系统的有关负责同志。据介绍，我市的电力情况已由上世纪五六十年代的全区年供电量 684.94 万千瓦时的孤立小电网发供电，发展成为拥有 220KV 变电站 6 座，110KV 变电站 35 座，10KV 以上线路 1400KM，年售电量 40 多亿千瓦时冀南电网的重要组成部分。该负责人还表示，通过我市电力事业这些年的巨大变化，可以看出毛主席 1950 年的亲笔复信已经成为全行业发展的强大精神动力。他们一定会按照毛主席的嘱托和要求，认真搞好安全供电等各项工作，使我市的电力事业发展得更快更好更强！

（原载 2005 年 9 月 10 日《衡水日报·晨刊》）

保持共产党员先进性教育活动先进典型李希波报道

人物档案： 李希波，男，50 岁，1974 年参军入伍，1976 年 11 月入党。在部队当过四年营长、两年团副参谋长，立过二等功一次、三等功五次。1995 年转业到景县人行后一直从事保卫守押工作，多次被评为金融系统先进工作者和保卫工作先进个人，2004 年被市委评为“十佳文明市民标兵”，被全国总行评为“综合治理先进个人”。

平凡中演绎精彩人生

——记共产党员、人行景县支行
保卫股副股长李希波（上）

在部队，不到 40 岁的他被战友戏称做“老头儿”，只因为他每次挑水稻都要比别人多挑 20 斤而累弯的腰；

在单位，同事都喊他“大哥”，只因为无论谁遇到什么困难，他都会义不容辞地伸出援助的手；

在家里，儿子总是叫他“公家人”，只因为孩子三天两头和他这当爹的见不着面儿。

一双家做“千层底儿”、一对军用绿袜子，还是部队里的作风，还是当兵人的模样。他就是中国人民银行景县支行保卫股副股长李希波。一个 32 年如一日默默工作、无私奉献的人，一个日复一日、年复一年把温暖播撒进每一个人的心里的人。

1995年，多次在部队立功受奖的李希波转业回到了家乡——景县。虽然脱去了心爱的军装，但他对党的忠诚和军人的本色没有改变丝毫。

那时的李希波是以一名一次荣立二等功、五次荣立三等功的正营级干部的身份转业回乡的。

景县人行是个业务性很强的单位，如何安排这个文化程度不高的正营级军转干部成了行长孙连镇头疼的问题。

带着些许迟疑，孙连镇和李希波开始了第一次对话。

“希波，现在咱们单位保卫力量相对薄弱，你先当一名警卫吧。”孙连镇说话时一脸试探的神情。

李希波似乎打了个愣神，但很快笑了笑：“孙行长，您放心，只要工作需要，干什么我都没有怨言。”

孙连镇没想到，这个曾令他头疼的问题解决得竟如此简单而顺利。孙连镇明白，在景县的军转干部中，和李希波同年入伍的战友，有三名在国税局、地税局当了副局长；有三名在银行当了行长、副行长；还有两名在乡镇当了副书记。“有的人会因为安排工作的问题把关系闹得很僵。”可这些担心和犹豫，都在希波的一句“您放心”中化为了理解与感动。

但是这个结果在李希波的妻子看来怎么也不好理解：“在部队，你是管着几百人的营级干部，干了那么多年，怎么能就安排个看大门的呢?”

希波非常理解妻子的心情，“她不光是为了自己，更为了我和孩子。”可他更有着自己的坚持：“作为一名党员，曾在党旗下宣誓：无论党需要我干什么，都应该顾全大局，服从组织分配。二话不说!”所以，他开始心平气和地做起了妻子的思想工作：“咱原来就是土生土长的庄稼孩子，在部队入了党、提了干，受党的培养教育多年，我应该自觉服从组织的安排。警卫工作虽然辛苦，可总得有人干呀!”

通情达理的妻子虽然心里不乐意，可她从没在工作上拖过丈夫的“后腿儿”。尽管心中有很多不理解，但她还是从心里支持丈夫的工作。

说服了妻子，李希波就全身心地投入到紧张而枯燥的警卫工作中。

转业后的第一次值夜班是在 1995 年的深秋。那天上班时，同事孙勇看到李希波身穿军大衣，心里很纳闷“天气还不是很冷，他穿军大衣干什么?”不一会儿，室外刮起了大风。深秋的寒风，使守库室内也增添了几分寒意，孙勇不仅打了一个冷战。“穿上吧！冻感冒了会影响值班的。”李希波随手就把军大衣披在了孙勇的身上。外面的风越刮越大，李希波和孙勇把巡逻道检查了一遍，回到守库室。刚刚坐下，就见希波眉头紧锁，脸色苍白，双手紧紧地按着腹部，片刻间，豆大的汗珠从他额头上掉了下来……原来在部队时，李希波由于长年在一线劳累，留下了严重的十二指肠球部溃疡，饭不能吃饱，夜不能熬长，最怕寒冷，着凉就发作。这时，孙勇才知道希波为什么要穿着军大衣来值班，而当时大衣却穿在了自己身上。

巡逻道、守库室，守库室、巡逻道，这短短的一段路，希波数不清走过了多少遍。10 年的时光就在他仔细、严格的巡查中悄悄淌过了。同样的一间守库室，同样的几个兄弟，每天都是重复的值班、守库、押运，工作单调而又乏味。可李希波一干就是 10 年，他把银行保卫工作当作军旅生活的延续，一时一刻也没有放松。

2001 年 7 月 8 日上午，正是李希波当班，外单位的一名同志把电话打到了守库室，“老李，麻烦你找我同学接一下电话，有急事!”李希波耐心地说：“我正在值班，不能离开岗位，请您再打办公室电话，让他们帮您叫一下。”那位同志有些不耐烦，“值班就不能帮我叫一下人吗？你们警卫是机器人，钉在那里的？离开岗位一分钟也不行吗？”李希波仍然客气地说：“我不是机器人，但在岗位上，一秒钟也不能离开。”那位同志放下电话，气呼呼地来到人行，冲着希波大发雷霆：“老李，你太死板了，死板得有点不近人情！”而李希波却执拗地说：“这是我的责任。”

1999 年 5 月，李希波当上了保卫股的副股长。在部队工作了 22 年的李希波，又显出了他带兵时的神勇与细心。

他发挥自己当兵出身的特长，组织全股同志进行各项技能训练。他和同志们一起冬练三九，夏练三伏，练就了过硬的擒拿、射击等本领，使保卫股真正成为国家金库的“保护神”。2000 年 11 月，在中心支行举行的全市保卫专业手枪射击比赛中，景县支行取得了团体第一的好成绩。

说起做年轻同志的思想工作，李希波也是头头是道，“我们保卫股共有 7 个人，其中有 4 个是小伙子，性格、爱好各有特点，要协助股长带好这支队伍，就必须从多方位、多层次地做好他们的思想工作。你把心都掏给他们了，他们能不和你交心吗？”为了稳定保卫队伍，多少个夜晚，他与同事促膝谈心，交流思想；多少个节假日，他走家串户，嘘寒问暖……同事和妻子闹了矛盾，他管；同事的老人孩子有病，他管；同事家劳动力少没人干活，他还管……大伙都说：“无论谁家有了什么困难，只要让李希波知道了，他都会帮忙、搭把手的。”

年轻警卫苏健，刚结婚不久就与妻子产生了一些小摩擦，情绪一度消沉。李希波得知这一情况后，立即与苏健谈心，了解情况。苏健告诉他，妻子埋怨说嫁给他这个警卫，受了委屈，别人新婚夫妇都能在工作之余、假日期间轧马路、逛商场，而自己却享受不到这些。李希波摸清原因后，5 次登门家访，向苏健的妻子谈警卫工作的性质，聊警卫人员的辛劳，并用自己在部队20多年与妻子两地分居生活的亲身经历，谈支持丈夫做好工作的重要性。打那以后，每逢遇到节假日，李希波就主动替苏健值班，给他创造与家人团聚的机会。人间自有真情在，功夫不负有心人。通过李希波反复的谈心与帮助，深深地打动了这对年轻夫妇的心。在年终的警卫人员家属座谈会上，苏健的妻子第一个站起来爽快地说："有李股长这样的好领头人，俺一百个支持丈夫的工作，请领导们一百个放心。"

在对同事关爱备至的同时，李希波严格执行工作制度也是出了名的。有一名年轻警卫，经常酗酒影响工作。李希波多次批评教育让这名同志产生了误解，认为李希波是跟他自己过不去。2001年11月的一天晚上，李希波正在值班。这名警卫酗酒过量，情绪难以控制，来到单位没说两句话，就冲着李希波脸上打了一拳。李希波顿时血流满面。等到行长到李希波家中慰问表示要处分这名同志时，李希波却说："算了吧，他对我有误解，是我的工作没有做到家，这思想工作还是由我去做吧！"事后，李希波把自己的班调到与这名警卫同班，班上班下谈心，从工作到家庭，从单位到社会，并在生活上给予了他无微不至的关怀。这位同志搬家，李希波第一个冲在前面；这位同志母亲有病，李希波时常去家中看望……火热的心和真挚的情感动得这位同志泪水涟涟："李股长，你打我一顿吧，只有这样我心里才痛快，我如果再不好好干工作，第一个对不起的就是您。"

随着办公条件的改善，李希波的工作岗位从不足七八平米的守库室，搬到了东二楼的监控中心。现代化的监控设备，宽敞明亮的监控室，看得希波心里美滋滋的。每次来值班，希波第一件事就是把监控中心打扫得干干净净、亮亮堂堂的。

监控设备的更新，给李希波带来了新的挑战。新型监控设备技术性能高、操作维护要求严，一旦操作失误，就会损坏设备，直接影响金库的安全。为了尽快适应工作的需要，李希波把这些设备的各种说明和操作规程全部复印了一遍，钉成小册子时刻带在身上、拿在手里，随时随地的学习、研究。说明书是英文的，他就找技术人员一个一个地问，并用白话文的形式记下来。从原理到构造，从操作规程到注意事项，从维护到保养……一项一项地学，一段一段地记，在两个月的时间里，李希波就掌握了设备的各种技术性能、操作程序以及一般故障的排除、简单维修和日常保养的要领。“李大哥 50 岁的人了，可学起东西来一点也不比我们年轻人慢。”同事们对李希波的学习速度很是佩服。“可不嘛，刚换设备那阵子，他吃饭、睡觉都没扔下过那个小本本。”妻子蔡桂贞对那段日子也是记忆犹新。

10 年的时间本身就是一种磨炼。10 年间，李希波从没有因为私事影响过工作，在他值班的日日夜夜，从未出现过空岗、漏岗的现象。他平均每年出勤都在 340 天以上、替班 50 天以上，超时值班 1000 多个小时，却从没拿过一次加班费……

除了岁月在他脸上留下的印迹，10 年的时光对李希波并没有过多的馈赠。可李希波却依然如故：每一天，他都像第一天上班一样勤勤恳恳；每一刻，他都像第一次上岗那样兢兢业业。是他，用 10 年的时间完美地诠释了一个优秀共产党员的敬业精神和职业素养；是他，在平凡中演绎出了精彩的人生。

（原载 2005 年 5 月 23 日《衡水日报》）

平凡中书写闪光人生

——记共产党员、人行景县支行保卫股副股长李希波（中）

“也许，岁月能改变山河，但历史将不断证明，有一种精神永远不会失落。”李希波是一个普通的人，但他却通过一点一滴的努力默默地在平凡中体现了一种崇高的精神。

李希波在景县人行工作生活了10年，说他“傻”，叫他“痴”的人可不在少数。据他的战友张敏杰介绍，希波当兵的时候就做过许多“傻事”。“希波当兵22年，愣是一场电影没看过。每次放电影的时候，都是他在替战士站岗、值班……”

我们不禁惊讶：按照当时部队每个星期放一场电影的惯例计算，22年中就会有1140多场电影放映。而这个在部队里当到正营级干部的李希波看电影的几率居然连千分之一都达不到！谈话间我们更了解到，李希波对于老电影的陌生程度一点也不亚于现在10来岁的孩子。也正是这一点，印证了张敏杰的话。

在那个对英雄人物顶礼膜拜的年代，在那些鲜红而激情的岁月里，李希波这个从绿色军营里摸爬滚打出来的汉子，居然说不上一个在电影中饰演英雄的演员的名字。

也许，李希波就是这样一个坚守惯了的人。习惯了寂寞，习惯了做事，也习惯了助人。他好像是穿上了“红舞鞋”，一刻也停不下来……渐渐地，我们似乎明白他是如何在这10年间里，把这许多的众人“不理解”和“不明白”坚持下来的。

刚到人行工作的那一年，忙惯了的李希波就主动承担了机关和家属院厕所的清理工作。他坚持每月义务清理一次。开始的时候，他白天掏，有人反映上下班太臭，于是他就改在晚上掏，月光下，他把便池打扫干净，再一点一点地把滴洒在路上的粪便清扫掉。这样坚持下来，每年都可以为单位节约1000多元的卫生费。有的同志不理解，“不知道你怎么想的，像这种又脏又累的活，花钱雇人都没人愿干，你却拼命地白干，你说你图个啥!”李希波却说：“正因为这活花钱雇都没人干，我才要干。”

后来，他还把机关大院的花草树木的修剪工作和整个大院的打扫工作承担下来。为此他特意向林业局的老同志拜师学艺。十年寒暑，机关大院里的花草树木都成了李希波的朋友，哪棵病了，哪棵有虫子了，哪棵该剪枝浇水了，李希波都心里有数。慢慢地李希波成了附近小有名气的“园艺师”，家属院里不管哪家的葡萄该剪枝了，都要把李希波请了来呢。

李希波的本职工作是干好警卫，可工作之余他却又义务当了一名食堂管理员。明眼的人一看就知道，让他干这个分外的工作，是因为他勤俭、爱忙碌、值得同志们信赖。他一心一意地为行里“算计”，采购物品时，他经常货比三家，常常为了几元钱的差价，顶着烈日跑大半个县城。去年春节上班以后，他听说德州的东西便宜，值完夜班就坐公共汽车去了德州，买来了纸巾、台布等伙房用品。两个小时打了一个来回，一下子就节约了300元左右。当他背着一个大袋子，在寒风中走到大门口时，有人不解地说：“老李，你也是50多岁的人了，图个啥？再说，公家的事，要个车呀。”希波揉了揉酸痛的腰说：“去德州，坐公共汽车也挺方便的。”

或许有人说伙房管理是个肥差，然而，耿直的老李却做到了常在河边走就是不湿鞋。每次招待来客，他总是把账目列得清清楚楚，每样东西的数量、单价，买多少，用多少，节余多少，他都详细地记着，毫不含糊。当初行里给他定的周转金是3000元，老李却说，“不用那么多，600元就够了。这样我几天一报账，什么事都明白，时间长了会说不清楚的，影响不好。”李希波就是这样一个清白的人。有人曾对他说，老李你多报点没人知道。他听后急得涨红了脸，严肃地说：“你说什么，我都50的人了，能干那样的事?”

担当起伙房的管理员以来，李希波经常上班为单位采购，时间长了，那些商贩就想拉住他这个客户。有一次，他为单位买生肉，卖肉的摊主说：“老李，咱们都是老熟人了，你是我的老客户，单位买的肉，我如数收钱，另外，我送你二斤肉，拿回家自己吃吧!”老李说：“你太客气了，我是党员，怎么能沾公家的便宜?”那位摊主大笑道：“党员怕什么，我又没让你拿公家的钱给自己买肉，我是白送给你的。”可老李却说：“党员不怕什么，但党员最怕让老百姓戳自己的脊梁骨。”

……

李希波虽然执拗而坚持，可他对同事们的心却是火热的。

2004年的年三十晚上，本不是李希波当班，可是他习惯性地到单位上转转时，却发现锅炉房的电闸坏了。“这可是大事，这锅炉房的电闸一坏，办公楼和一个家属院的电、暖就都停了，这个年三十大伙还怎么过?”李希波推上自己的“二八”加重大车子，就向着四里地以外的维修人员家赶去了。

可等到了那儿，维修人员的父亲却说：“大三十晚上的，他给多少咱都不去。”老人一句话，让李希波的心凉了半截。他只好又找到别的修理工，可惜，都没找到。李希波就又折回了这一家，“老哥，就让去给看看吧，一会就回来，要不家属院里的22户百姓和机关的两栋楼就都要摸黑过年了。”

最终，老人被李希波说服了，他和修理师傅一起来到了机关。

“你们这电闸坏了，得换，我这没有这样的。”

一句话，李希波又骑着那伴随了他十年的“老凤凰”上路了，从人行到开发区要七八里地，他又砸了好几家门市的门才买到合适的电闸。

换上电闸，正赶上春节联欢晚会开始，整个家属院一片欢腾。

李希波常常这样说，“公家的事再小都是大事，自己的事再大都是小事。公家的钱不能乱花，能省一分是一分。”

“希波虽然在保卫股上班，可他几乎天天都在为我们办公室做工作。”景县人行的办公室主任不无感激地说：“不管什么东西，只要是希波管着，肯定不会少分毫；不管什么事情，只要让希波去干，一定不会让公家吃亏。”

正因为希波在大家心里是可以放心的人，所以改造监控室采购瓷砖的任务又落到了他头上。

“你这个人又不是没买过我的东西，你原来可不这样啊。”瓷砖店老板刘老师傅有些纳闷。

“你再便宜点吧，这是给公家买东西，一分钱也不能乱花。”希波坚持。

“怪了，要是说给公家买东西，你这个价钱更是拿不走的，我是觉得你是老主顾，才给你便宜的！”刘师傅惊讶了。

希波还是不肯罢休，为了给单位节约一点开支，他和店主讨价还价了好长时间，最终以每块比别人便宜一毛钱的价格买到了瓷砖。

刘师傅问他，“你自己买东西时怎么不问价呢？”“你们做买卖也不容易，我个人买东西，你多赚点也行，但是给公家买东西，能省则省。”李希波的这个回答，更是让刘师傅大吃一惊。所以，当李希波背着 3 块有裂纹的瓷砖来找他换时，刘师傅二话没说。

为了公家的事，单位的工作，李希波是能省就省。伙房的下水道堵了，他就和厨师一起借来大锤，砸开 20 多公分厚的水泥地面，捋起袖子用手一点一点地疏通；每年给锅炉房买煤都是费力不讨好的活，他怕经销户做手脚，就自己联系过地磅的地点，再领着经销户过去过磅。

可同样是钱，李希波对自己的钱的观念却很淡薄。2003 年 11 月份，他买了 600 个作业本，和妻子一起用自行车推到景州联小。“一个本子才五毛钱，我就是想鼓励鼓励孩子们，让他们好好学习。”听说，一个和儿子同年级的男孩的父亲得了癌症，为了给父亲治病，孩子几乎要辍学了，李希波二话没说，就捐给这个孩子 100 元钱。

曾在五年级一班就读的刘雪静，也是李希波的捐助对象之一。小姑娘在给李希波的信中这样写道：“李叔叔，当我收到您给我的 50 元钱时，眼里充满了泪水，这钱里凝聚着您对我的关心、希望。我一定好好学习……以优异成绩报答您。”孩子的心是纯净而质朴的，相信这份爱一定会在这个小姑娘的手中传递下去。

采访中，李希波总是说：“我们警卫工作是三班倒，我有的是时间，所以就想为大伙儿做点事儿。”李希波还说，他最崇拜的英雄就是雷锋。每每听到他这样说，我就很自然地想到了《雷锋日记》中的这段话：“人的生命是有限的，可是为人民服务是无限的，我要把有限的生命投入到无限的为人民服务之中去。”李希波就是这样时刻沿着英雄走过的道路前行，并在身后留下了一串闪光的足迹。

（原载 2005 年 5 月 26 日《衡水日报》）

平凡中铸造高尚人生

——记共产党员、人行景县支行保卫股副股长李希波（下）

上有白发亲娘，下有妻子儿女，哪一个都是系着他李希波的挚爱亲情。

为工作做了那么多，为他人做了那么多，当谈起家庭和亲人时，李希波满怀愧疚……

“每年我都是过了年三十才回家看望老母亲，我心里也有愧呀。”2003年的春节，李希波照例是等同事们上了班才回老家去看望年近八旬的老母亲。

“希波，你在部队不回家过年，娘能理解，因为你是在保卫祖国；你现在在人行工作，你不回家过年，也是在保卫祖国吗?”

希波低下头，愧疚地说：“娘，金库是国家的，我守着金库，同样也是守护着国家财产！我不回家过年，是我实在是脱不开身呀!”

的确，李希波在家人心中就是一个“忙”字。在部队，他忙着学理论，搞训练。转业到人行，他还是忙，忙着值班、争着替班、忙着伙房管理、水电维修、修剪花草……有时候就是离单位几分钟路程的家他也难得回一趟。难怪他一回家，上小学的儿子就说：“公家人回来了，公家人回来了!”孩子还小不懂事，只觉得自己的爸爸成天不着家，就像“公家”的一样。可这样一叫，哪次都把李希波这个50岁的汉子叫得鼻子酸酸的。

李希波的妻子蔡桂贞在县工商局上班。他在部队时，妻子就一个人操持家务，照顾孩子，早就盼着他转业，结束两地分居的生活，帮她分担些家务。可他转业后从事保卫工作，什么忙都帮不上，用李希波母亲的话说，“他比当兵时还要忙。”蔡桂贞一面上班，一面还要承担家务，带孩子，长年的劳累使得她体弱多病。

2002 年 6 月份，因为一名警卫生病住院，李希波代他值班，一连 5 天吃住在单位。妻子打电话说，她动过手术的刀口有点痒，要希波陪着到医院检查检查。可单位的值班人员少，住院的同志回不来，李希波不能离开。妻子一天天地催，老李一次次地推，一直等了 20 多天，住院的同志上了班，老李才陪妻子去了医院。经检查，妻子的刀口已经化脓、感染了。医生问道：“都病成这样了才来，早干什么去了?”听了大夫的话，妻子委屈地哭了，李希波也愧疚地低下了头。

回到家里，看着妻子埋怨的眼神，李希波从不分辩什么。他只是一头扎进家里，把能干的该干的活计全都干了，好让工作同样辛苦的妻子轻松一些。

老李四十得子，全家人都把儿子当成掌上明珠。按照当地的习俗，儿子第一个生日那天，很多亲戚朋友都要来贺喜。那天，希波一早就去了单位，妻子在家里忙里忙外，照顾亲戚朋友，还要做菜做饭。中午的时候，亲戚朋友都到齐了，唯独李希波这个父亲没有在。妻子有些尴尬，就给他单位打电话，可值班的同志说，他在替希波值班，他人早走了。一直等到 12 点多，李希波还没有回家，蔡桂贞强压住心里的怒气，招呼亲戚朋友吃饭。

等亲戚朋友都走了以后，蔡桂贞歪在床上，心里就像被掏空了一样，不是个滋味……这时，门开了，李希波回来了。

“你干嘛去了？你连这个家也不要啦?”妻子气得一下子从床

上跳起来。

希波只是一个劲儿地说好话，跑进厨房又是洗又是刷，还不停地哄逗孩子，就是没给妻子解释迟到的原因。后来，妻子才从李希波的同事嘴里知道，那天希波下班时碰到一位同事的母亲心脏病发作，急着送医院抢救。老李就和同事一块来到医院，买药、输液、吸氧，一直忙到下午，直到老人脱离了危险，才想起当天是儿子的生日。

蔡桂贞在县工商局负责综合执法，工作非常紧张。2000 年夏季的一天，她下乡检查，晚上不能准时回来，她就给值白班的希波打电话，问他晚上能否照顾两个孩子。老李答应说，“没事，下午四点我就下班了。”快傍晚的时候，下了一场大雨，这场雨下了好几个小时，等蔡桂贞冒雨赶回家的时候，已经是晚上 10 时多了。

可当蔡桂贞打开门时，她发现女儿蜷缩在门洞子里，还没有吃饭，儿子则歪在沙发上睡着了，脸上还挂着泪珠。她马上意识到，老李并没有回家，她的心里涌起了一股从未有过的心酸和无助。她为孩子做好饭，看着孩子狼吞虎咽的，她心乱如麻，这一夜她都没合眼……

天快亮时，老李回来了，浑身湿漉漉的，裤子上还有一个大口子，手里还拿着昨天给孩子们买好的烧饼。“昨天下班时，我本想马上回家，可……”“可你有事了!”妻子没好气地打断了他。“是，天下起了暴雨，我担心这样的天气有情况，就晚下了一会班。在金库外面巡逻时，发现楼顶上的积水排不下来，就爬到楼顶上，一点一点地通下水道，费了很大的劲儿才把水排完。下楼时不小心把裤子划破了。”听着丈夫轻描淡写地讲着事情的经过，蔡桂贞是又生气又心疼。“你不会给服务公司打电话呀，这么大的雨，淋坏了可怎么办?”“一点小事，自己就能做了，没必要再麻烦别人，我体格好，喝碗姜汤就行了。”望着丈夫那消瘦的面庞，只剩了心疼的妻子，为他补起了裤子……

“让你和孩子受苦了。”这是李希波对妻子的一句口头禅，可每当歉疚过后，他还是骑上那辆破旧的自行车去单位忙这忙那。

有一次，儿子得了重感冒高烧不退，大夫刚刚给孩子输上液，一名同事打来电话说他的孩子病了，问老李可不可以给他替班。希波犹豫了一下，还是答应了。妻子一把拽住他，生气地说：“人家的孩子是孩子，咱的孩子就不是孩子？”老李无言，却还是把她们娘俩儿留在了医院……

蔡桂贞每想起这些，心里都会涌起一股想哭的冲动，可是，一看到李希波那微驼的背影，她心中的气就全没了。“其实，他也不容易。”一瞬间，我们从言谈不多的蔡桂贞脸上读出了心疼与自豪。

其实，李希波知道，在母亲那里他不是孝顺的儿子；在妻子那里他不是合格的丈夫；在孩子面前他更不是一个负责任的父亲。正因为这样，面对记者的采访，希波一再地说：“我没有你们想象的那样高大。很多时候，我也总感觉对不住母亲和妻儿，真的，有时候，我甚至会想，如果我要是有分身术就好了：一个我去对事业尽忠尽职，不给党旗抹黑；一个我去对家人尽孝尽责，不让人说三道四。”希波在说这些的时候笑了，也正是在面对这浅浅地、无奈地笑的时候，我们的心像遭了雷击一般的震动，久久地无言以对……

当问及李希波 10 年间的苦累时，他说：“这没什么，这是一个共产党员应该做的。况且，只有我全身心地投入到工作中去的时候，我才能获得最大的快乐。”希波说的话平实而简单，“你想呀，面对党和同志们的信任，作为一个发过誓要为党的事业贡献终身的人，我有什么理由可以停下来？”是啊，在李希波心里，他所做的一切，不是为了名，也不是为了利，而是为了要对得起自己在鲜红的党旗下举起的右拳，而是为了要让自己获得最大的快乐。

就像阳光把驱走黑暗作为它最大的快乐，李希波就是这样时刻用自己的行动掬起一束束绚烂的阳光，献给身边的每一个人。10年来，李希波以其坚定的信念、顽强的意志、超凡的毅力，谱写出精彩的人生华章。他借其独特的人格魅力，放释着金子般的灿烂光辉，渲染出一道亮丽的人文风景。他，用着“平凡”的方式演绎出了不平凡的人生。演绎没有句点，诠释仍在继续……

采访中，李希波不善言辞，不喜张扬，更没有“闪光语言”，确实让我们感觉极普通平凡。但正是在这解读平凡的过程中，我们不由得想起当年许多人曾经背熟了、如今却被某些人淡忘了的一段话，那就是毛泽东同志在《纪念白求恩》中讲的：“一个人能力有大小，但只要有这点精神，就是一个高尚的人，一个纯粹的人，一个有道德的人，一个脱离了低级趣味的人，一个有益于人民的人。”

（原载2005年6月3日《衡水日报》）

玉壶冰心念伟人

——访中国工艺美术大师、冀派内画创始人王习三

在纪念邓小平同志诞辰 100 周年到来之际，市政协原副主席、中国工艺美术大师、冀派内画创始人王习三先生与他的弟子们，怀着对小平同志无尽的思念，以饱含深情的笔触，精心勾画出了一枚枚纪念小平百年诞辰的内画烟壶。8 月 16 日上午，王习三先生在内画展览馆热情地接受了记者的采访。他结合自己半生跌宕起伏的坎坷经历，倾诉了对邓小平同志的缅怀之情。

1968 年，已经在内画艺术上有所成就的王习三先生受到政治运动冲击，戴上了“坚持反革命立场的反动子女”的大帽子，从北京被押送回原籍阜城县杨庄接受“监督改造”。身居两间土坯草房，野菜杂粮不能果腹，但他没有意志消沉，反而立志要改变家乡的贫穷落后面貌，经过多方联系，先后在村里建起了小五金厂等几摊副业。当年村集体就有了一定的经济基础，打井、办电，农业生产也大幅度提高。可万万没想到，这一切竟成了他“反革命分子夺权”的“铁证”，并被定为阜城县的典型，接踵而来的是无休止的批斗、检查。王习三在难以忍受的肉体、人格上的污辱中苦苦挣扎，期待梦魇结束……

作为经历过“文革”的老一代艺术家，习三先生对小平同志的崇敬和感激之情溢于言表。“若不是邓小平同志重新主持工作，拨乱反正，也许我还会继续被‘监督改造’很多年……没有小平

同志，就没有我王习三的今天！没有小平就没有今天的冀派内画艺术！我从内心里感谢他！”在对那段特殊岁月的追述中，这位年近七旬的一代宗师已经热泪盈眶。小平同志逝世后，习三先生悲痛万分，伟人和蔼的笑容不时在眼前浮现，亲切的话语还在耳畔回响。他仿佛被一种巨大的力量震撼着，心绪再也无法平静下来。他拿起饱蘸激情的画笔，经过七天七夜废寝忘食的工作，创作出了一枚小平同志头像的内画艺术珍品。他激动地说：“我画领袖头像至今已有三百余枚，惟有创作这一枚时最为投入。”后来，这枚生动传神的内画珍品被全国政协收藏。

风格独特的冀派内画艺术，在上个世纪七十年代开始飞速发展。目前，冀派内画产业从业人员已逾三万，年销售额超过五亿元，成为河北最具影响和实力的艺术产业。习三先生将这一切归功于邓小平同志。他说，没有改革开放，就没有国家的经济发展和繁荣昌盛，就没有人民群众的富足生活，也就没有工艺美术事业蓬勃发展的良好机遇。他坚信在当今尊重知识、尊重人才的时代里，在邓小平理论和“三个代表”重要思想的指引下，内画艺术事业同我们的各项事业都会取得长足进步。

在纪念小平同志诞辰100周年之际，习三先生心潮澎湃，挥笔写下一首《忆邓公》，以表达自己深切缅怀之情。

“南征北战逞雄风，开国元勋显奇能。拨乱反正驱雾散，坚持真理气如虹。改革开放求发展，‘一国两制’倡大同。力挽狂澜兴华夏，一代伟人邓小平。”

（原载2004年8月23日《衡水日报·晨刊》）

南立车的好当家

——记武强县南立车村党支部书记李会明

初见李会明，很难想象出他就是武强县首富村——南立车的当家人、立车集团的董事长。黝黑的脸上透着憨厚和质朴，身着工作服，脚穿黑布鞋，和普通的农民没什么两样。但是他那皱纹密布的脸庞和坚定执着的目光，却昭示出他创业的全部艰辛和对南立车父老乡亲的无私奉献……

李会明自 1967 年 6 月参加工作至今，已在基层农村干部这个平凡岗位上默默无闻耕耘了 30 多个年头。30 多年的埋头工作，13000 多个日日夜夜的辛劳使这个已过知天命之年的汉子，看上去比实际年龄还要苍老许多。如果人的一生按 90 年计算，李会明已将他生命的三分之一贡献给了南立车，而这 30 年恰恰是他生命中最美好的 30 年，但也正是他一生中最辉煌的 30 年……

30 年间，南立车村从“旱了收盐巴，涝了收蛤蟆，就是不收好庄稼”的贫穷中，一步一个脚印地走了出来。如今，这个“农业学大寨”也没能摘掉穷帽子的南立车，已经成长为人均年纯收入 4500 元的全省闻名的小康村。

30 年弹指一挥间。李会明从一个满身干劲、浑身是胆的棒小伙儿变成了一位头发斑白的老者，只有那果敢睿智的目光还是一如从前。这双眼睛见证了南立车的腾飞，也饱含了李会明在带领乡亲们致富的道路上的无尽艰辛。

1989年，已带领村民在致富路上奔波了10多年的李会明，将发展的目标锁定在荧光粉上。但是，建成这个项目，要拿出村里的全部积蓄，有人担心，也有人劝阻……

但是，李会明没有动摇。“共产党人代表的是群众的根本利益，就得时时处处为群众着想。”李会明心中始终坚守着这样一个信念。他及时召开了支委会和党员会。在会上，他语重心长地说：“如果现在分开单干，我们干部有门路，懂技术……能先富起来，可大多数的群众怎么办？这时候，扔下群众不管，光顾自己，咱还算是什么党员！再说，坐吃山也空，只有用这笔钱去建厂，让死钱变活钱，才能为大伙儿和子孙后代铸一座永远吃不完的金山。”

南立车人脸上灿烂的笑容印证了李会明的话！投产后的荧光粉不仅填补了河北省空白，而且经国家电光源质检中心检测，质量处于全国领先水平。如今，南立车荧光粉产量已占国内市场三分之一，并有4项产品填补国内空白。

在李会明的带领下，南立车人的日子越过越红火。2001年以来，他还根据群众意愿，经村民代表会讨论决定用8年时间投资6000万元为群众兴建花园式别墅住宅新村。目前，在这座占地350亩，融学校、医院、商场、宾馆、健身、休闲、娱乐等场所于一体的别墅住宅新村里，已投资1125万元，建成了74套住宅楼。许多村民已经搬进了新居，而李会明仍然住的是十几年以前盖的四间老房。

一期住宅楼完工后，入住的名单上没有李会明，乡亲们找到村干部，“会明不搬新楼，我们谁也不搬家。”乡亲们的爱戴，使李会明万分感动，他动情地说：“群众住房紧张的人家还不少，咱是党员、是干部，只要还有群众没住上新房，我就是搬进去，住着心里也不踏实。”

在南立车，一提起李会明，村民没有不竖大拇指的。他们说："南立车有今天，多亏了他，他处处省吃俭用，精打细算，事事为大家着想，办事公道，他办事俺一百个放心，只要他一开口，让俺干啥俺干啥!"这话一点也不假，多年来，南立车无一上访告状户；村民缴纳农业税，一天全部完成；村里召开村民大会，只要喇叭一喊，15 分钟全部到齐；就是邻村发生纠纷，人们也愿打电话叫李书记给评评理……

这就是李会明，一名普通的共产党员，一位农村最基层的党支部书记，一头为父老乡亲拉车永不停止的老黄牛，他始终恪守着"立党为公，执政为民"的信条，把自己的全部心血献给了南立车这块古老土地。

（原载 2005 年 3 月 3 日《衡水日报》）

摇着轮椅冲向 2008

——记我市残疾运动员崔彦峰

坚毅的目光直视前方，摆动的双臂划出优美的弧线，崔彦峰和他轮椅竞速的队友们是残运会赛场上振翅的雄鹰，他们是用手和自己赛跑的人。在撞线的一瞬，他们知道，“我们赢了!”他们以 3 分 10 秒 47 的成绩在全国第七届残疾人运动会的男子轮椅竞速 T53—54 级 4×400 米比赛中勇夺桂冠，并打破该项目的世界纪录。每当回想到那个时刻，崔彦峰的笑容都会从心底慢慢荡漾开来。

崔彦峰今年 19 岁，是深州市榆科镇东杏园村人。6 岁时，一场车祸使他失去了左腿，但小小年纪所遭遇的不幸并没有在他心里留下太多的阴影。

从未逃过体育课

崔彦峰从小活泼好动、性格开朗，从没觉得自己和其他同学有什么不一样。无论是学习还是室外活动，他处处和伙伴们一争高下。

虽然学校里允许像他这样的残疾人可以不上体育课，但崔彦峰说：“我从未逃过任何一节体育课!”

操场是崔彦峰最钟爱的地方，无论是体育课上还是其他的课余时间，那里留下的总是他和伙伴们快活的身影。篮球、羽毛球、乒乓球……崔彦峰几乎无所不能。他尤其喜欢乒乓球，常常是放学铃声一响，他就和伙伴们去抢占球台，一打就是好几个小时。而且，他的球技丝毫不比同伴逊色，有时候，还打得同伴大败而归。

崔彦峰对残疾人的运动项目也很感兴趣。他说，小时候他曾经在电视上看到过轮椅竞速的比赛场面，当时就想："如果我参加这种比赛，兴许也能取得好成绩呢。"果然，他的愿望实现了。良好的心理素质和过人的运动潜质，使得崔彦峰很快就引起了衡水市残联、深州残联的关注。2004 年，年仅 16 岁的崔彦峰被我市残联选拔推荐到省集训队，开始了他的运动生涯。

轮椅上的苦与乐

2004 年 11 月，崔彦峰第一次在现实中看到如今已亲如兄弟的竞速轮椅。

虽然那时，崔彦峰早已完全适应了独腿的运动和生活，可是自从车祸过后，日夜陪伴他的都是他的单拐，轮椅却是从没摸过。

轮椅竞速运动员在赛场上必须始终坐在轮椅上。所以，崔彦峰所面临的第一个挑战就是如何使竞速轮椅"长"到自己身上，就像健全人的腿和脚一样。

竞速轮椅与普通轮椅大不一样。普通轮椅为两个大轮两个小轮，大多为不锈钢材料制造，坐席较宽；竞速轮椅则为三轮，前一轮小，后两轮大，坐席很窄，多用轻质合金材料制造。

没摸过轮椅的崔彦峰第一周的训练课程是"控车"，就是要熟悉轮椅，控制轮椅。按照教练的要求，他要在"车"上通过身体的力量将竞赛轮椅的前轮抬起，然后以一方后轮为轴将轮椅旋转一周后，再将前轮稳稳落下，并要达到控制自如、动作娴熟的效果。

崔彦峰起初觉得这个不难，可这看似听话的“三轮车”一上来就给了他一个“下马威”。别说抬着前轮转圈了，仅是将前轮抬起就费了他好大的力气，而且稍不留心就会摔倒。按照他自己的说法，在这练“控车”的一个星期里，他是队里摔跤最多的。

“功夫不负有心人”。凭着顽强好胜的毅力和加班加点的训练，崔彦峰很快就和轮椅“混熟了”，成了配合默契的好“哥们儿”。

经过半年的刻苦努力，崔彦峰的成绩提高得很快。2005 年他第一次代表河北参加全国残疾人田径锦标赛，取得了 3 个项目的小组第二名，此后他又参加大连国际残疾人马拉松比赛，闯入前四名。他迅速提升的成绩吸引了国家体委的注意，被初选定为代表国家队参加国际比赛的选手，并于同年进入湖北黄石国家轮椅竞速队训练基地参训。2006 年 5 月，崔彦峰作为我市代表队成员，参加了河北省第六届残运会，取得了一金一银并有一项破全国纪录的优异成绩，为我市争了光。

用手和自己赛跑

在强手如林的国家队里，崔彦峰训练得更加刻苦了。不断地进步和比赛中近似飞翔的感觉是他一路走来的动力，他要做用手和自己赛跑的人。

在国家队的日子里，崔彦峰在按照教练要求按时保质完成训练之余，还针对自己力量小、起动慢的弱点增加了训练任务。刻苦地训练加上他自身速度快、提速快的优势，很快他就在 4×400 米项目上成了队里的 2 号种子选手。

今年 5 月 13 日至 20 日，在云南省昆明市举行的全国第七届残疾人运动会成了崔彦峰成就梦想的天堂。他在这次比赛中取得了一金、两银和一个第四名的好成绩，特别是在男子轮椅竞速

T53—54 级 4×400 米比赛中勇夺桂冠，并打破该项目的世界纪录。

可比赛的过程却并不是像他预先设想的那么顺利。

一到云南，崔彦峰就有一些高原反应，头晕、心慌、想睡觉。在开始的几个项目中，他的发挥还算正常。可是，在 19 日上午进行的 1500 米决赛中，由于队友配合失误，原本应该到手的银牌变成了第四名。小崔有些生气，中午吃饭时还挨了训。憋着一口气，他主动找教练要求在下午进行的 4×400 米比赛中“跑”第一棒。

当天下午一上场，崔彦峰就摩拳擦掌、跃跃欲试。裁判的发令枪一响，他就像离弦的箭一样冲出了起跑线，风驰电掣般地甩开了其他队的队员，给队友赢得了宝贵的时间。其他三名队友也不负众望，一举打破了该项目的世界纪录。在队友冲过终点的一刹那，崔彦峰舒心地笑了……

他说：“我是拼着命要拿这块金牌的。能在残运会上取得好成绩仅仅是我的目标之一，我有信心要在 2008 年奥运会上也拿金牌，如果能实现的话我会高兴得睡不着觉的。”

近两年来，崔彦峰先后参加国际比赛 3 次、国家比赛 3 次、省级比赛 1 次，共获得奖牌 15 枚，其中金牌 3 枚、银牌 11 枚、铜牌 1 枚，在该项目上成为国家队的领军人物。

（原载 2007 年 6 月 15 日《衡水晚报》）

“创城明白人”的一天

——河西街道社区工作者王洪业一日工作小记

近日的衡水，绿意渐浓，春光日盛。放眼望去，到处都是一幅欣欣然的样子。

这天一早，36岁的王洪业骑着电动自行车行驶在上班路上。看着路边规范停放的非机动车和路口有序行进的行人，他心中不由感慨：“这几年的创城路，虽浸透酸甜苦辣，如今却是效果颇丰……”

王洪业是桃城区河西街道享园社区的一名社区工作者，现在更是社区的“创城明白人”。他的工作几乎无不和创建全国文明城市息息相关。下面，就让我们走进他这一日的工作日常。

早上8：00刚过，王洪业就到了单位。他一边打开电脑，一边把社区新时代文明实践站“五室”的活动记录拿了出来。

“今天周一，先要把上周的活动档案整理好。一会儿到了10：00，约请的几家单位要来开创城工作推进会，须在会前把会议资料准备好。”王洪业心里盘算着这几个“活儿”，手上已经把文化活动室的活动记录翻到了3月份。

“3月5日，享园小区开展‘学雷锋志愿服务’活动……”

“3月8日，各小区分别开展‘巾帼心向党　幸福在享园’妇女节活动……”

王洪业分门别类做好整理，并把活动现场的图片附在每项活动的后面。完善了上一周的活动档案，他又立马着手准备开会用的资料。

熟练地做着开会要用的 PPT，王洪业腼腆地笑了，“这几年‘创城’，把我们都练出来了。做不好，但勉强够用。”退役军人出身的他并不擅长文字和电脑操作，但时间概念和做事条理性很强，交到他手里的“活儿”，从没误过事儿。

PPT 还没做完，法院生活小区临街楼一楼门店的一户居民又来找他。门店的下水管道年久失修，经常堵塞，这户居民想要重新改造。因小区的污水井在街面上，想要破土动工，需要行政审批局的批准，但居民个人又没有施工资质不能申请，这才找到了社区。

了解了事情的原委，王洪业立马表示帮忙协调联系，并承诺在下午给予答复。待居民离开后，王洪业才又埋头在电脑前。“社区的工作就是这样，一件压着一件。但只要耐心、细心，千头万绪的事儿，总能解决。”

上午 10：00 创城工作推进会准时召开。王洪业根据展示图片，一个问题一个问题地和包建单位沟通，商量解决办法，明确完成时限……几个单位都交代完，已经到了中午下班的时间。他收拾完会场，骑上电动车绕路来到法院生活小区，看好了门店前污水井的具体位置，才回家吃饭。

下午一上班，王洪业就着手联系门店下水道改造问题。他先向河西街道主管部门说明了情况，又帮忙联系了有资质的施工单位，再和居民沟通相关事宜……说完了这件事，时钟已指向 3：00，他又赶忙拿起笔记本，奔赴辖区的各个小区查看卫生情况。

在采访中得知，自从成了社区的“创城明白人”，王洪业经常利用晚上的时间对照新的《全国文明城市测评体系》，钻研测评标准。他在最短的时间内熟记辖区内所有测评点位，还要求自已吃准摸透各点位的测评标准。采访中，无论问起哪一个点位的测评标准，他都对答如流。

在安居小区，王洪业先给小区物业经理打了电话说要面谈几个具体问题。等人的空当，他就从大门口一路检查着四分类垃圾箱、消防通道、非机动车停车位和创城宣传牌向小区深处走去。王洪业一路走一路记，在三号楼一单元门口，看到有工人正在施工。他正上前了解情况，小区物业的樊经理也赶到这里。

“樊经理，现在是创城的关键时期，一定要让工人及时将垃圾清理干净。”随后，他又将在小区里发现的交通标识位置设置不规范、早期张贴的核酸快检码清理不到位等问题一一指出，并告知物业可以合理设置晾晒区和杂物区，在达到创城要求的基础上尽量满足居民所需。

出了安居小区，王洪业向西一拐就看到一位司机正在便道上停车。“大哥，你这车要停到车位里面去，规范停车，不要占用盲道给别人带来不便……”他说着挪开一辆自行车，让汽车停车入位。

劳教所小区、法院土畜产小区和工行小区，相隔不远，王洪业一路走一路看。看到地面有烟头，他主动捡起；看到有非机动车停放不规范，他上前摆放。创城的要求和标准已经融入他的日常。

“姐，你家这小狗出来得戴牵引绳啊，要文明养犬，对大家都好……”“大爷，家门口的东西赶紧拿屋里去啊，楼道不能堆放杂物，引起火灾阻碍逃生通道啊……”提醒完社区居民，他又拜访了小区的联络人、楼院长和卫生清理人员等，向他们讲明现阶段创城的工作要求，提醒他们注意各自的薄弱环节，抓紧时间整改提升……

看完了四个小区，已过了下班的时间。王洪业急急忙忙回到单位，装好笔记本，推上电动车去接孩子。“只能晚上陪孩子写作业的时候，再梳理今天的工作了。社区工作和两个孩子的父亲都是我不可推卸的责任，我都想竭尽所能做到最好！”

社区是社会的基础。创建文明城市，离不开每一位社区工作者的辛勤付出。正是无数个“王洪业”以实干的精神和饱满的热情积极参与文明城市创建工作，才让文明之花绽放在社区的每个角落。

（原载 2023 年 3 月 18 日《衡水日报》）

后　记

前面13年做记者，我用心用情，走访车间工地、田间地头，记录时代变迁、见证城市发展；后面7年做编辑，我用智用力，不论春夏寒暑、白天黑夜，修改打磨稿件、讲好衡水故事。20年的时光，虽打磨了棱角，但却留下了坚韧，也让我逐渐找到了更适合自己的写作和表达方式——用阳光笔触去记录生活、呵护善良与温暖，靠自己的微光去弘扬主旋律、歌颂真善美、传递正能量。

郭华（河北省政协原副主席）老师也曾在衡水日报社做过记者。他曾在散文《找一双适合自己的鞋子》中写道："不是每一个岗位都适合每一个人，但一定有适合每一个人的岗位。所以，选择工作同样要从自身的实际出发。能够从中找到感觉、激发热情并且愿意奉献终身，那就说明这是合适你的工作，不必再去左顾右盼，东张西望。"我想我的鞋子选对了。愿我在下一个20年，热爱不减，追梦不休。

旧物不言，却万般珍贵。今天重新审视这些作品，明显感觉有一些内容"时过境迁"。不过做整理时，我多保留了作品的原貌。因为，一篇篇新闻作品正是报纸记录历史、见证历史的最好写照，也从一个侧面反映了我们时代的步伐和自己认知上的进步。

此书在编写过程中，得到了多位新闻前辈和同人的鼎力支持，尤其是韩雪老师，为我提出了许多有益的建议。在此，我谨向他们表示最诚挚的谢意！

2024 年 5 月 15 日